ESP 성경공부 시리즈

로마서

Romans

ESF

기독대학인회(ESF : Evangelical Student Fellowship)는
사도행전 1장 8절에서 선포되고 있는 예수님의 지상 명령에 근거하여
캠퍼스 복음화를 통한 성서 한국, 세계 선교를 주요 목표로 삼고 있는
초교파적 선교 단체입니다.

ESP

ESP는
Evangelical Student Fellowship Press의 약어로 기독대학인회(ESF)의
출판부입니다.

ESP 성경공부 시리즈
로마서

2021년 10월 29일 개정판 1쇄 발행

지은이 ESF 교재편찬위원회
만든이 정사철
내지 디자인 문찬미
표지 디자인 장윤주

(사)기독대학인회 출판부 (ESP)
서울특별시 도봉구 도봉로 116길 41-4, 201호
Tel. 02) 989-3476~7 | Fax. 02) 989-3385 | E-mail. esfpress@hanmail.net
등록 제 12-316호

로마서

Romans

목 차

Romans

"로마서! 하나님의 인류 구원을 시원하게 밝힌 하나님의 말씀!"

로마서는 사도 바울이 로마 성도들에게 쓴 편지입니다. 로마서는 성경의 핵심 주제인 '예수 그리스도 안에 있는 구원'을 가장 체계적으로 기록하였기 때문에 '성경 중의 성경'이라 불립니다. 로마서 말씀을 통하여 하나님의 위대한 구원을 발견하고 변화된 새 인생을 산 사람들이 많습니다. 변화된 새 사람들은 나라를 변혁시켰고 세계 역사를 뒤바꾸었습니다.

I. 저자

로마서의 저자는 사도 바울입니다(1:1).

1. 바울은 두 세계의 인물

바울은 '성경 문화권'과 '비성경 문화권'의 두 세계의 인물이었습니다. 성경 문화권과 비성경 문화권에 해박한 지식을 가지고 있는 두 세계의 인물이었습니다.

그는 성경문화권의 핵심 사상을 꿰뚫고 있는 사람이었습니다. 유대인 부모 사이에서 태어나 어려서부터 율법 교육을 받았습니다. 난지 8일 만에 할례를 받았고 디아스포라(외국에 흩어져 사는 유대인)로 살면서도 모국어인 히브리어를 사용하였습니다. 그는 하나님의 선택된 민족에 대한 긍지와 열정을 가지고 있었습니다(빌 3:5; 롬 9:1, 2). 본국 이스라엘에 유학 와서 당대 석학 가말리엘 문하생으로 히브리 종교, 율법, 신학을 깊이 닦았고(행 22:3) 연갑자(다른 문하생)보다 뛰어났습니다(갈 1:14). 그는 바리새인이었고 율법에 대한 열심이 특이하고 흠이 없는 자였습니다(빌 3:5).

바울은 비성경문화권에 대해서도 정통한 인물이었습니다. 그는 길리기아 다소에서 태어나 거기 살면서 헬라 문화를 배웠습니다(행 22:3). 헬라 철학과 시에 능통했고(행 19:28), 헬라어를 마음대로 구사했습니다(행 21:37). 당시 다소는 아덴, 알렉산드리아와 더불어 헬라 3대 문화 중심지였습니다. 또한 그는 태어날 때부터 로마 시민권을 가지고 있었으며(행 22:28) 로마법을 잘 알았고 로마 시민의 특권을 사용할 줄도 알았습니다(행 16:37). 성경문화권과 비성경문화권에 해박한 지식을 가진 바울은 온 세계에 복음을 전할 아주

적합한 인물이었습니다.

2. 바울은 이방인의 사도

바울은 이방인을 멸시하는 전통적인 유대교인이었습니다. 그러나 그가 주님을 만나 변화되어 유대교에서 기독교로 개종하였습니다. 그리고 주님의 명령에 따라 이방인의 사도가 되었습니다.

바울은 예수님을 믿기 전 교회를 박해하였습니다. 그는 율법에 대한 열심 때문에 교회를 핍박하였습니다. 그리스도인들이 율법을 숭상하지 않는다고 보고 교회를 없애버리려고 했고 스데반 순교 시에 살인자 편에 가담하기까지 하였습니다(행 8:1~3, 딤전 1:13, 15). 그가 시리아 다메섹까지 성도들을 체포하러 가던 도중 부활하신 그리스도를 만났습니다. 주님은 그를 이방인의 사도로 부르셨습니다. 그러나 그는 그의 과거 경력 때문에 성도들에게 외면당하였습니다. 어려움을 많이 겪은 후 바나바의 도움을 받아 선교사로 파송되었습니다. 바울 사도는 1, 2, 3차 선교 여행을 통해 비시디아 안디옥, 루스드라, 빌립보, 고린도, 에베소 등 많은 교회를 개척하였습니다(행 13~20장). 그리고 나중에 예루살렘에서 유대인들의 고소로 체포되어 감옥에 갇히게 되었습니다. 그는 로마에 복음을 전하고자 하는 열정 때문에 가이사에게 상소하여 쇠사슬을 차고 죄수의 신분으로 로마에 가서 복음을 전파하였습니다(행 21~28장). 그 후 잠시 석방되어 복음을 전파하다가 다시 투옥되어 순교하였습니다.

위대한 하나님의 종 바울 사도는 복음에 감동을 받아 평생 복음을 위하여 헌신하였으며, 하나님은 그를 귀하게 사용하셔서 온 세계에 복음 선교의 기초를 놓게 하셨습니다.

II. 저작 시기와 장소

1. 저작 시기

저작 시기를 알 수 있는 성경구절은 로마서 15장 22~29절, 사도행전 19장 21절, 20장 22~24절입니다. 바울 사도는 제 3차 선교 여행 시 에베소에서 놀라운 복음의 능력을 체험하고 로마 선교의 꿈을 가졌습니다(행 19:21). 로마에 가서 하나님의 복음을 증거하고 땅끝 서바나(스페인)에 가서 복음 증거하고 일생을 마치고자 한 계획을 갖고 있었습니다(롬 15:28). 그러한 계획 속에서 마지막 선교 사역을 총 정리하고자 구제헌금을 모았습니다. 당시 예루살렘 교회가 경제적으로 심한 어려움을 겪고 있었기 때문에 이방 교회들로 하여금 구제헌금 하도록 하여 이방교회와 예루살렘 모교회가 하나 되게 하고, 자기는 로마 선교와 서바나 선교에 남은 생을 바치고자 했던 것입니다. 그래서 바울은 제 3차 선교 여행을 마친 후 개척한 교회를 돌아보며 예루살렘교회를 위한 구제헌금을 모으며 예루살렘을 향하여 가고 있었습니다. 이러한 정황을 종합해 볼 때 '헬라에 이르러 거기 석달을 있다가 배타고 수리아로 가고자 할 그 때에(행 20:2~3)'의 석달동안 로마서를 집필했음을 알 수 있습니다. 이때가 A.D. 58년으로 추산됩니다.

2. 저작 장소

로마서를 로마 교회에 전달한 뵈뵈가 고린도 옆 겐그레아 교회의 일군이며(롬 16:1), 로마서를 집필할 때 바울 일행에게 숙식을 제공한 사람이 고린도 교인인 가이오(롬 16:23, 고전 1:14)인 것을 고려하면 로마서를 쓴 장소는 고린도임이 명백합니다.

III. 저작 목적

1. 선교의 목적

바울 사도는 오래 전부터 로마 선교의 꿈을 가지고 있었습니다(행 19:21). 제 3차 선교 여행을 마친 후 예루살렘에서부터 일루리곤까지 복음을 편만하게 전파하여 이 지방에서는 더 이상 복음 전할 곳이 없다고 생각하여(롬 15:19, 23) 선교사역을 총 정리하고 남은 생을 로마 선교와 서바나 선교에 바치고자 계획하였습니다(롬 15:28). 이후 로마와 가까운 고린도에 왔다가 다시 먼 예루살렘으로 가면서 로마에 미리 복음의 핵심을 알려주고자 편지를 쓴 것입니다(롬 1:10~15). 그래서 로마서를 세계선교의 교과서라고도 부릅니다.

2. 이단 예방의 목적

바울은 당시 벌써 이단이 나타날 때에, 이단 사상을 예방하는 목적으로 편지를 썼습니다(롬 16:17~19). 이단들이 하나님의 자녀들을 미혹하여 실족시키고 복음을 변질시킬 것을 우려하여 이를 예방하고자 했습니다. 그는 복음진리 위에 굳건히 서서 이단을 분별하고 이단을 물리치는 진리의 교회가 세워 지기를 간절히 바라면서 로마서를 기록한 것입니다. 그러므로 로마서를 공부하면 복음진리와 이단을 구분할 분별력이 생깁니다.

3. 사명완수의 목적

예루살렘에 가고자 하고 있는 바울에게는 순교의 위험이 도사리고 있었습니다. 완고한 유대인들이 바울이 율법을 파괴하는 자라고 죽이고자 하였습니다. 성령께서도 여러 사람들을 통하여 이 위험을 경고하였습니다(행 20:22, 23; 21:11). 그러나 바울 사도는 이방교회와 예루살렘 교회가 하나 되는 일을 이루어 그 동안의 선교 사역을 총 정리하려는 하나님의 뜻을 이루고자 했기 때문에 위험을 무릅쓰고 예루살렘 여행을 고집하였습니다. '나의 달려갈 길과 주 예수께 받은 사명 곧 하나님의 은혜의 복음 증거하는 일을 마치려 함에는 나의 생명을 조금도 귀한 것으로 여기지 아니하노라(행 20:24)' 바울 사도는 사명감에 투철하였습니다. 하나님께서 주신 복음 전파의 사명을 완수하고자 생명을 바치려는 모습이 보입니다. 죽기 전에 하나님께서 주신 사명을 다하고자 로마서를 기록한 것입니다.

Ⅳ. 주제

1. 로마서의 요절

로마서 주제가 잘 나타난 요절은 로마서 1장 17절입니다.

"복음에는 하나님의 의가 나타나서
믿음으로 믿음에 이르게 하나니
기록된바 오직 의인은 믿음으로 살리라 함과 같으니라."

2. 주요 단어

'의'라는 단어가 17회, '믿음'이라는 단어가 37회, '그리스도'라는 단어가 39회 등장합니다.

3. 로마서의 주제

로마서의 주제는 '복음에 나타난 하나님의 의'입니다. 즉 '복음'에는 '하나님의 의'가 나타났고, 그 '의'는 오직 믿음으로 얻습니다. '하나님의 의'란 하나님께서 주시는 의입니다. 비록 죄인이지만 복음을 믿으면 하나님과 올바른 관계에 이르고 용서받아 의롭게 되는 것입니다. 하나님께서는 예수 그리스도 안에 하나님의 의를 나타내셨습니다. 그 의는 오직 믿음으로 얻을 수 있습니다.

믿음이란 하나님의 계시를 겸손히 영접하는 것입니다. 나의 주장을 버리고 겸손히 하나님의 구원을 받아들이는 것이 믿음입니다. 믿음은 내 생각 보다도 하나님의 말씀을 더 앞세우고 겸손히 순종하는 것입니다. 그러기에 믿음은 철저히 하나님 중심적인 태도입니다. 우리 인간은 부패하였고 오직 인간의 구원은 하나님께 있다는 생각으로 전적으로 의지함이 곧 믿음의 태도입니다.

하나님의 계획, 곧 예수 그리스도의 구원을 믿고 순종하면 모든 죄가 사해지고 타락한 '옛사람'을 벗어버리고 '새사람', 곧 의로운 하나님의 사람으로 변화됩니다. 로마서 말씀을 믿음으로 공부하고 순종하여 변화된 새사람의 삶을 살길 소망합니다.

V. 내용 구분

- 서론 | 1:1~1:16
- 하나님의 복음 | 1:17~15:13
  - 주제(의) | 1:17
  - 죄 | 1:18~3:20
  - 칭의 | 3:21~5:21
  - 성화 | 6:1~8:39
  - 하나님의 주권 | 9:1~11:36
  - 신자의 삶 | 12:1~15:13
- 맺는 말 | 15:14~16:27

VI. 로마서 공부의 목적

1. 로마서의 요절

많은 사람들이 성경을 공부하고 싶어 합니다. 성경 진리를 깨닫고 최고의 삶을 살기를 원합니다. 그러나 참 기독교가 무엇인지 알 수 없어 방황하는 영혼들이 많습니다. 신비주의, 방종주의, 혼합주의, 율법주의 등 너무나 잘못된 신앙을 가지고 인생을 허비하는 사람들이 많습니다. 안타까운 일이 아닐 수 없습니다. 이런 방황하는 영혼들을 어떻게 구원할 수 있을까요? 참 기독교의 진리를 알고 참된 신앙생활을 하고 싶은 사람들을 어떻게 도울 수 있을까요? 이들을 위하여 로마서가 있습니다. 로마서에 성경의 핵심 진리가 담겨 있습니다. 그러므로 로마서를 진지하게 공부하면 성경의 핵심 진리를 파악하게 되고 그 진리 위에 기초한 바른 신앙생활을 할 수 있습니다.

2. 신앙 성장을 위하여

신앙생활은 오래 해 오고 있지만 천국의 기쁨을 맛보지 못하고 괴로워하는 사람들이 있습니다. 생명력 없는 무미건조한 신앙생활에 염증을 내며 신앙생활의 돌파구를 열기를 바랍니다. 영적으로 갈급하여 영적 만족을 찾아 헤맵니다. 신앙과 인격이 한 단계 성장하기를 간절히 바랍니다. 뿐만 아니라 목회자도 교회 성장을 위하여 고민합니다. 성도들의 신앙을 한 단계 끌어올려 참 기독교 신앙을 가지고 천국의 은혜에 흠뻑 심취할 수 있도록 도울 길은 없을까 하며 고민합니다. 해답은 바로 로마서입니다. 로마서의 진리를 깨닫고 나면 이것이 바로 참 신앙생활이구나 하며 감격할 것입니다.

3. 선교를 위하여

진실한 크리스천은 예수님을 닮을 뿐 아니라 예수님을 위하여 헌신합니다. 그 헌신의 기본은 복음 전파입니다. 그런데 선교는 힘이 있을 때 추진되는 것입니다. 내 생명 유지하기에 급급한 사람이 선교할 수 없습니다. 강력한 성령의 능력을 덧입어 하나님의 은혜에 충만한 사람이 선교할 수 있습니다. 하나님의 은혜에 충만하여 강하게 선교할 수 있는 길이 무엇입니까? 그중에 하나가 바로 로마서 공부입니다. 로마서는 왜 선교를 해야 하는가와 같은 동기부여와 선교를 할 수 있는 놀라운 하나님의 은혜, 능력을 공급해 줍니다. 로마서 말씀을 붙들었던 사람들이 위대한 종교개혁을 하고 위대한 선교운동을 한 것은 다 이런 이유에서입니다. 로마서 말씀 공부를 통해 변화된 새사람이 되고 놀라운 복음을 전하는 전도자들이 되시기를 간절히 기도합니다.

"진정한 신앙생활, 로마서에!"

"놀라운 신앙 성장, 로마서에!"

"놀라운 선교, 로마서에!"

1과 복음을 위하여

로마서 1:1~17 (암송구절 17절)

복음에는 하나님의 의가 나타나서 믿음으로 믿음에 이르게 하나니 기
록된 바 오직 의인은 믿음으로 말미암아 살리라 함과 같으니라

시작하는 이야기

로마서는 복음으로 시작해서 복음으로 끝납니다. 전체적으로는 진리의 부요함이 가득 한 책이 로마서입니다. 바울은 비록 그가 세운 교회는 아니지만, 복음의 진수가 담긴 편지를 로마 성도들에게 보냅니다. 1장 1~17절은 로마서의 서론입니다. 특이한 점은 다른 서신과 달리 바울 자신을 소개하는 대목이 길다는 것과 복음의 주제와 핵심 내용이 전체의 예고편처럼 담겨 있다는 것입니다. 1~7절은 인사말, 8~15절은 감사와 기도, 16~17절은 로마서의 주제입니다. 편지의 시작부터 강렬하게 제시된 복음을 마주해 봅시다.

MEMO

말씀의 자리

I. 복음에 감동한 바울 (1, 5, 8~14)

Q1 바울은 로마 성도들에게 자신을 어떻게 소개하고 있습니까(1, 5, 14)?

* 바울은 헬라의 다소 출신으로 로마 시민권자였다. 그는 율법에는 흠이 없었고 교회를 핍박하던 사람이었다.
(행 9:1~2, 행 22:3, 28; 고후 11:22; 빌 3:5~6)

Q2 바울은 로마 성도들을 어떻게 묘사하고 있습니까(6~7)?

말씀의 자리+

+ 하나님의 복음 (1) +

복음은 사람의 복음이 아니라 하나님의 복음입니다. 바울 사도께서 하나님의 복음이라고 강조하는 것은 복음의 신적 기원을 밝히고자 함입니다. 복음의 신적 기원을 확신하게 될 때 ① 복음 안에 있는 구원의 능력(복음의 능력) ② 시대가 바뀌어도 복음은 변치 않음(복음의 불변성) ③ 복음을 믿는 모든 사람을 구원함(복음의 보편성) ④ 오직 복음을 믿음으로만 구원 얻을 수 있음(복음의 유일성) ⑤ 복음은 완전한 구원을 보장함(복음의 절대성)을 깨닫게 됩니다. 복음은 창조주 하나님께서 그의 아들을 통해서 이룬 절대적인 하나님의 복음입니다.

Q3 바울의 감사 제목은 무엇이며 그들을 위해 어떻게 기도하고 있습니까(8~10)?

Q4 바울이 그들을 방문하려는 목적은 무엇입니까(11~13)?

말씀의 자리+

+ 하나님의 의 (14) +

로마서 대주제는 '복음에 나타난 하나님의 의'입니다. 그런데 이 '하나님의 의'라는 개념이 쉽게 이해되지 않습니다. 공동 번역에는 '하나님의 의'를 '하나님과의 올바른 관계'로 번역했습니다. 헨드릭슨은 '죄인을 의롭게 해주시는 길'로 주석하였습니다. 타락한 죄인이 의롭게 되는 길이 복음 안에 있습니다. 예수님의 성육신의 은혜, 십자가의 죄사함의 은혜, 부활의 은혜를 믿고 순종하면 그 은혜가 사람을 변화시킵니다. 하나님께서 원하시는 의로운 사람으로 변화됩니다.

II. 바울이 자랑하는 복음 (2~4, 14~17)

Q5 바울은 복음을 어떻게 소개하고 있습니까(2~4)? 특히 복음의 기원, 복음의 내용, 복음의 역사적 증거는 무엇입니까?

Q6 바울이 복음을 담대히 전하고자 하는 이유는 무엇이며, 이 복음은 누구를 위한 것입니까(14~16)?

말씀의 자리+

+ 구원에 이르게 하는 하나님의 능력 (16) +

로마인들은 군사력으로 서구 전 지역을 지배했습니다. 그래서 그들은 힘(power), 군사력을 최고의 가치로 여겼습니다. 그러나 그 거대한 로마의 군사력으로도 인간의 영혼은 구원할 수 없었습니다. 그런데 복음은 영혼을 구원하였습니다. 복음은 타락한 인간을 변화된 새사람으로 변화시켰습니다. 영혼을 구원하는 하나님의 능력의 복음을 부끄러워하지 않고 자랑하는 것은 당연한 일입니다.

Q7 하나님의 의는 무엇에 나타나 있으며, 그 의를 어떻게 얻을 수 있습니까(17)? '믿음으로 믿음에 이르게 하나니'라는 말은 어떤 의미입니까?

* 하나님의 의는 '하나님으로부터의 의'라고도 번역할 수 있다.

말씀의 자리+

+ 믿음으로 믿음에 (17) +

'믿음으로 믿음에(from faith to faith)'는 크게 두 가지 뜻이 함축되어 있습니다. 먼저 '처음부터 끝까지 오직 믿음으로'라는 '믿음의 유일성'의 뜻이 담겨 있습니다. 즉 복음에 나타난 하나님의 의는 오직 믿음으로만 얻을 수 있다는 것입니다. 그리고 믿음은 처음부터 마지막까지 계속 믿어야 하는 믿음의 계속성이 담겨 있습니다. 마치 전기 제품이 전원 공급을 계속 받아서 제 기능을 발휘하듯이 사람은 계속 믿음으로 주님을 의지하고 관계성을 가져야 하는 것입니다.

삶의 자리

Q1 자신을 수직적(그리스도와의 관계), 수평적(복음을 위해 선택받은 자로서)으로 어떻게 소개할 수 있겠습니까?

Q2 복음이란 무엇입니까(2~4)? 복음을 부끄러워하는 이유는 무엇입니까? 바울이 주는 도전은 무엇이며 이제부터 필요한 기도 제목은 무엇입니까?

2과 복음이 필요한 세상

로마서 1:18~32 (암송구절 18절)

하나님의 진노가 불의로 진리를 막는 사람들의 모든 경건하지 않음과 불의에 대하여 하늘로부터 나타나나니

시작하는 이야기

앞서 1과에서 복음은 모든 믿는 자에게 구원을 주시는 하나님의 능력이라 선언하였습니다. 이 말씀은 구원이 필요한 인류를 전제하고 있습니다. 인류는 죄의 무지막지한 횡포에 압도되었고 스스로 구원할 수 없는 무능력한 모습을 아담 이후 계속해서 보여 왔습니다. 로마서 1장 18절~3장 20절은 '죄악론'을 다루는 부분으로 인간의 실존을 그대로 드러내어 역으로 구원의 길을 찾도록 안내합니다. 타락한 인간의 모습은 비참하기 그지없고 나 자신의 모습이 폭로되어 괴로울 수 있지만, 밖으로부터 구원을 필연적으로 소망하게 되니 진지하게 공부해 봅시다.

MEMO

말씀의 자리

I. 불의로 진리를 막는 사람들 (18~25)

Q1 1장 17절과 1장 18절을 자세히 읽고 대조해 보면 어떤 사실을 알 수 있습니까? 하나님의 진노는 어떤 사람들에게 나타납니까(18)?

말씀의 자리+

+ 불의로 진리를 막는 사람들 (18) +

죄악론의 핵심 요절이 18절입니다. 18절은 하나님의 진노와 인간의 죄를 말하고 있습니다. 인간의 죄의 핵심은 불의로 진리를 막는 것입니다. 즉 인간의 옳지 않은 생각과 행위로 하나님의 진리를 거절하는 것이 가장 큰 죄입니다. 하나님의 진리란 하나님의 뜻, 하나님의 계시, 하나님의 구원, 하나님이 보내신 메시아입니다. 하나님께서 인류 구원을 위하여 메시아를 보내 주셨는데 인간이 거절하는 것은 하나님께 대한 반역이요, 노골적인 적대 행위로서 창조주께 대한 최대의 죄악입니다. 이러한 중죄인에게 창조주 하나님의 진노가 임하는 것은 당연한 일입니다. 하나님의 진노는 현재적인 심판과 최후 심판으로 나타납니다. 현재적인 심판은 하나님의 사랑과 보호를 거두고 죄악의 구렁텅이에 내버려 두는 것이요, 최후 심판은 영원한 지옥 형벌을 내리는 것입니다. 이러한 종말론적 시야를 갖고 볼 때 불의로 진리를 막는 것이야말로 가장 어리석은 것이요 가장 큰 범죄 행위입니다.

Q2 하나님의 진노하심이 부당하지 않은 이유는 무엇이며 사람들이 하나님을 모른다고 핑계할 수 없는 이유는 무엇입니까(19~20)?

말씀의 자리+

+ 하나님을 알만한 것 (19) +

원래 사람은 하나님 형상대로 창조되었기 때문에 하나님을 잘 알았습니다. 그런데 범죄하여 하나님에 대한 지식을 잃어버렸고 영적으로 무지한 자가 되어버렸습니다. 이러한 무지한 인간에게 하나님께서는 '하나님을 알만한 것'을 계시하여 주셨습니다. 하나님께서는 사람들을 깨우치시려고 일반계시와 특별계시를 주셨습니다. 일반계시는 자연 만물 속에 있는 신비로운 자연법칙, 생태계의 조화, 우주 행성의 조화와 질서, 인체의 신비 등과 인간 내면에 있는 양심, 이성, 종교적 본능 등으로써 이것을 통해 하나님의 존재와 능력을 깨닫게 됩니다. 특별계시는 하나님의 말씀, 나타나심, 이적, 환상 등으로서 성경에 기록된 것입니다. 하나님께서는 각 사람에게 '하나님을 알 만한 것'을 충분히 보여 주셨기 때문에 하나님을 모른다고 핑계할 수 없습니다. 즉 인간의 죄는 우연한 것이거나 무지한 것이 아니라 고의적인 것입니다. 사람들이 몰라서 죄를 짓는 것이 아니라 고의적으로 죄를 짓고 있는 것입니다.

Q3 불의로 진리를 막는 사람들의 근본적인 죄는 무엇이며 그들의 생각과 마음의 상태는 어떻게 변하게 됩니까(21~22)?

Q4 하나님을 거부한 사람들이 어떤 죄를 짓습니까(23~25)? 주변에서 볼 수 있는 우상 숭배의 모습은 어떤 것들이 있습니까?

II. 불의에 대한 하나님의 진노 (24~32)

Q5 창조 본연의 목적을 상실한 자들에게 하나님의 진노는 구체적으로 어떻게 내려집니까(24, 26, 28, 32)? '내버려 두사'의 의미는 무엇입니까?

말씀의 자리+

+ 내버려 두사 (24, 26, 28) +

"하나님께서 그들을 마음의 정욕대로 더러움에 내버려 두사(24), 하나님께서 그들을 부끄러운 욕심에 내버려 두셨으니(26), 하나님께서 그들을 그 상실한 마음대로 내버려 두사(28)" 하나님의 내버려 둠은 하나님의 진노의 표현입니다. 하나님의 온갖 은총과 사랑, 보호의 손길을 거두어버림이기 때문입니다. 하나님께 버림받은 인간은 죄 속에서 허우적거리며 살게 됩니다. 하나님의 사랑과 보호를 받지 못하는 그 자체로 심판을 받고 있는 것입니다. "믿지 아니하는 자는 하나님의 독생자의 이름을 믿지 아니하므로 벌써 심판을 받은 것이니라 그 정죄는 이것이니 곧 빛이 세상에 왔으되 사람들이 자기 행위가 악하므로 빛보다 어두움을 더 사랑한 것이니라"(요 3:18~19) 하나님보다 죄악을 더 사랑하고 사는 삶 자체가 저주와 심판을 받고 있는 모습입니다.

Q6 창조질서를 역행한 자들의 타락한 모습은 어떠합니까(26~31)?

Q7 타락한 자들은 자신들의 범죄의 그릇됨을 알면서도 어떻게 죄를 부추기고 합리화합니까(32)? 사회악의 확산을 막기 위해서는 어떻게 해야 하겠습니까?

삶의 자리

Q1 성경이 말하는 죄란 무엇입니까? 하나님을 대신하는 숨겨진 우상이 있다면 무엇입니까? 내버려 두지 않으시는 하나님의 사랑의 징계(히 12:1~13)를 받아보신 적이 있다면 나눠주시겠습니까?

Q2 타락한 세상의 훼손된 관계를 회복하기 위해서 하나님께 그리고 사람에게 어떻게 행해야 하겠습니까?

MEMO

3과 누구도 피할 수 없는 하나님의 심판

로마서 2:1~3:20 (암송구절 3장 9절)

그러면 어떠하냐 우리는 나으냐 결코 아니라 유대인이나 헬라인이나 다 죄 아래에 있다고 우리가 이미 선언하였느니라

시작하는 이야기

성경은 모든 사람들이 하나님의 진노 가운데 있다는 사실을 계속해서 진술하고 있습니다. 털어서 먼지 나지 않는 사람이 없다는 말이 있습니다. 다른 사람들에 비해 도덕적이고 매우 종교적인 사람이라 할지라도 그들이 죄인이라는 사실은 변하지 않습니다. 누구든지 하나님의 말씀에 의해 정당화될 수 없다면 수많은 변론에도 불구하고 그는 하나님의 심판을 피할 수 없습니다. '다 죄 아래 있다'라는 하나님의 선언과 성경의 엄격한 기준에 벗어날 수 있는 사람은 아무도 없습니다.

MEMO

말씀의 자리

I. 남을 판단하는 사람아 (2:1~16)

Q1 남을 판단하는 사람들의 문제점은 무엇이며, 이들이 심판을 피할 수 없는 이유는 무엇입니까(1~3)? 그들은 심판에 대해서 어떻게 착각하고 있습니까(4~5; 마 7:1~5)?

말씀의 자리+

+ 남을 판단하는 사람 (1) +

인간의 타락과 죄를 논할 때에 자기는 타락하지 않았다고 생각하며 남을 판단하는 사람들이 있습니다. 곧 자기를 정당화하며 자신을 의롭다고 생각합니다. 이들의 큰 오류는 다른 사람들과 비교하여 약간 선한 것을 절대적인 선으로 착각하고 있는 것입니다. 더 치명적인 오류는 하나님의 의를 거절한다는 사실입니다. 즉 불의로 진리를 막는 것입니다. 불의로 진리를 막는 점에 있어서는 도덕적으로 타락한 사람보다 더 지독합니다. 타락한 사람들은 자기들에게 구원이 없다는 것을 솔직히 시인하고 하나님의 구원을 빨리 영접하는데 자기 의를 주장하는 사람들은 별것도 아닌 자기 의를 내세워 하나님의 구원을 거절합니다. 이것이 하나님의 편에서 보면 도덕적으로 타락한 사람들보다 더 지독한 죄인 것입니다. 더 악랄한 불의, 지독한 고집, 회개치 않는 마음을 가지고 진리를 거절하고 있습니다. 이들은 하나님의 심판을 피했다고 생각하는 엄청난 착각을 하고 있습니다. 그러나 하나님의 심판을 피하기는커녕 진노의 날에 임할 하나님의 무서운 진노를 쌓고 있는 것입니다. 자기 의를 주장하는 사람들이 살길은 자기 의가 하나님 앞에 얼마나 초라한 것인지를 깨닫고 심령이 가난한 자 되어 하나님의 의를 구하는 것입니다. 즉 예수님을 진실히 믿고 하나님의 사랑과 은총을 누리는 것입니다.

Q2 하나님의 심판의 원칙은 무엇이며, 각각의 사람들에게 어떤 하나님의 심판이 내려집니까(6~10)?

말씀의 자리+

+ 당을 지어 진리를 따르지 아니하고 불의를 따르는 자 (8) +

당을 짓는다는 말은 여러 사람들이 힘을 규합하고 조직하여 세력을 만든다는 것입니다. 당을 지어 진리를 좇지 아니하고, 불의를 좇는 자들의 대표는 종교인들과 이단자들입니다. 세속 종교를 만들고 이단 교리를 만들어 하나님의 진리를 거절하고 대항하고 있는 것입니다. 인간들 안에는 당을 지어 세력화 하여 자기들의 주장을 펴고자 하는 성향이 있습니다. 공동체 안에서 다른 주장을 하기 위하여 당을 짓는 것도 공동체를 해치는 나쁜 죄입니다. 자신이 은혜 없는 신앙생활을 하고 남도 죽이는 일을 하게 됩니다. 그들은 반드시 하나님의 무서운 심판을 받습니다. 하나님을 진정 사랑하는 사람들이라면 당을 지어 하나님을 대적하는 일을 해서는 안 됩니다. 크리스천들은 오직 그리스도 안에서 진리에 순종하며 덕을 세워야 합니다.

+ 다 죄 아래 있다 (9) +

'죄 아래 있다.'는 말은 '죄의 지배를 받는다.'라는 말입니다. 최고 문화인이라고 하는 헬라인도, 최고의 종교인이라고 하는 유대인들도 모두 죄의 굴레를 쓰고 있으며 죄의 지배를 받고 있습니다. 그 죄는 원죄와 자범죄입니다. 원죄란 조상으로부터 유전되어 온 죄이며, 자범죄는 내가 저지른 범죄입니다. 인간은 모두 이 죄의 굴레를 쓰고 있으며 죄의 지배를 받고 있습니다. 죄는 근본적으로 생각해 보면 하나님을 거역한 것입니다. 하나님을 모시고 살아야 할 인간이 하나님을 떠나 자기 마음대로 살고 있음이 죄입니다. 하나님 중심적으로 살아야 할 인간이 자기중심적으로 사는 것이 죄입니다. 인간은 하나님을 떠나 모순과 혼란과 제한성에 갇혀 살게 되었습니다. 이 모순과 혼란과 제한성에서 벗어나려 발버둥을 쳐봐도 벗어날 수가 없습니다. 근본적인 죄 문제가 해결되지 않았기 때문입니다.

Q3 하나님의 심판의 기준은 무엇이며, 왜 하나님의 심판이 차별이 없다고 말할 수 있습니까(11~16)?

말씀의 자리+

+ 율법의 행위로는 의롭다 하심을 얻을 육체가 없음 (20) +

이 선언은 당시 유대인들에게는 경악할 만한 것이었습니다. 모든 유대인들은 하나님께서 주신 율법이기 때문에 하나님의 율법을 지키면 구원받는 줄 알고 율법 준수에 힘썼습니다. 그런데 율법의 행위로는 하나님 앞에 의롭다고 인정받을 사람이 없다니 놀랄 일이 아닐 수 없었습니다. 왜 율법의 행위로는 의롭다 하심을 받을 수 없습니까? ① 율법 자체가 의인은 하나도 없다고 선언하기 때문입니다. ② 율법의 행위로는 인간의 죄성을 근본적으로 해결할 수 없기 때문입니다. ③ 율법의 기능은 인간의 죄를 깨닫게 하고 하나님을 의지하도록 하는 것이지 죄성을 해결할 수 없는 것이기 때문입니다. ④ 율법의 행위로 과거의 죄를 해결할 수 없기 때문입니다. ⑤ 인간이 모든 율법을 다 지킬 수 없기 때문입니다. 특히, 생각, 감정, 언어, 행동까지 율법이 요구하는 바대로 행할 수 없기 때문입니다.

II. 유대인이라 불리는 네가 (2:17~3:8)

Q4 유대인들은 자기 자신을 어떤 존재로 생각하고 있습니까(17~20)? 그러나 그들의 실제 모습은 어떠합니까(21~24)?

Q5 유대인은 하나님의 언약의 백성이라는 표로 '할례'를 받았습니다(창 17:1~14). 할례는 어떨 때 유익하며, 그 이유가 무엇입니까(25~29)?

네 가지 질문과 답변 (3:1-8)

Q

유대인들을 어떻게 보고 하는 말입니까? 그렇다면 유대인들의 특권이 도대체 무엇입니까(1)?

A

특권 많이 받았지요. 제일 큰 특권은 하나님 말씀을 맡음입니다. 그런데 하나님이 보내신 메시아를 믿지 않아서 그 특권을 상실해 버렸습니다.

Q

메시아를 믿지 않아서 하나님 백성의 특권이 상실되고 말았다고요? 그렇다면 사람들의 불신앙이 신실하신 하나님의 약속을 무효화시켜 버리는 것입니까? (하나님은 우리 조상들에게 너와 너희 후손은 내 백성이라 약속해 주셨고 그 약속의 표징으로 할례를 받았는데 우리가 믿지 않는다고 해서 그 신실하신 하나님의 약속을 폐기시킬 수 있는 것입니까?)

A

그럴 수 없습니다. 사람에게 잘못이 있지 하나님께는 잘못이 없습니다. 사람은 다 거짓되되 오직 하나님만이 참되십니다. 성경에도 "주님은 항상 옳으시고 재판하면 항상 이기십니다."라고 기록되어 있지 않습니까? 하나님의 약속은 언제나 신실하되 사람의 잘못 때문에 약속이 실현되지 못한 것입니다. 사람들의 거짓됨으로 말미암아 하나님의 의로우심이 확연히 드러나게 되었습니다.

Q

우리의 불의가 하나님의 의로우심을 드러나게 하였다면 우리는 공로자 아닙니까? 그런데 하나님께서 우리에게 진노를 내리시는 것은 인간적으로 말해서 하나님께도 잘못이 있는 것 아닙니까?

A

그건 말이 안됩니다. 만일 그렇다면 하나님께서 어떻게 세상을 심판하시겠습니까? 하나님은 항상 의로우십니다. 인간이 거짓될수록 하나님의 참되심이 더욱 풍성하게 나타나 하나님의 영광이 됩니다.

Q

우리의 거짓말로 하나님의 참되심이 드러나고 하나님의 영광이 되었다면 우리가 공로자인데 왜 죄인처럼 심판을 받게 됩니까? 당신의 말대로라면 하나님께 영광을 돌리기 위해 '우리가 더욱 거짓말을 하고 악을 행하자' 해야 하지 않겠습니까?

A

뭐라고요? 당신들은 참으로 악한 사람들입니다. 당신들의 말만 가지고도 정죄 받아 마땅합니다.

Q6 유대인들이 격렬하게 항변하는 네 가지 질문은 무엇이며, 이에 대하여 바울 사도는 어떻게 답변합니까(1~8)? 여기에서 드러나는 유대인들의 고질적인 죄악은 무엇입니까?

Ⅲ. 죄 아래에 있는 인간 (3:9~20)

Q7 로마서에서 죄악론의 결론은 무엇입니까(9, 19~20)? 여기서 말하는 '우리'는 누구를 가리킵니까?

Q8 모든 인간이 죄인이라는 구약 성경의 근거는 무엇입니까(10; 시 14:1, 3)? 죄악 속에 살아가는 인간의 ① 사상(11, 12; 시 14:2), ② 언어(13~14; 시 5:9, 10:7, 140:3), ③ 행동(15~17; 사 59:7~8)? ④ 하나님께 대한 자세(18; 시 36:1)에 대하여 무엇을 알 수 있습니까?

삶의 자리

Q1 '모든 인간은 죄인이다. 의인은 없나니 하나도 없다.'라는 하나님의 말씀을 어떻게 생각하십니까?

4과 하나님의 의

로마서 3:21~31 (암송구절 21절)

이제는 율법 외에 하나님의 한 의가 나타났으니 율법과 선지자들에게 증거를 받은 것이라

시작하는 이야기

죄의 절망을 벗어나 드디어 로마서의 주제인 '복음에 나타난 하나님의 의'가 나옵니다. 인간의 그 어떤 노력으로도 하나님께서 바라시는 의의 수준에 이를 수가 없었습니다. 그러므로 하나님께서 친히 자신의 의를 나타내셨습니다. 모든 죄를 용서받고 하나님과의 교제가 가능케 되는 길, 죄에서 벗어나 의롭게 되는 길, 하나님과 정상적인 관계에 이를 수 있는 길을 하나님께서 친히 만드셨습니다. 그 길이 하나님의 의입니다. 이 부분은 앞으로 전개될 내용을 이해하는데 중요한 연결고리가 되므로 집중하여 살펴보길 바랍니다.

MEMO

말씀의 자리 

I. 그러나 이제는 'But now' (21~26)

Q1 사람은 자기 행위로 의로워질 수 없습니다. 그렇다면 사람이 의롭다 함을 얻을 수 있는 방법은 어디로부터 옵니까(21)?

Q2 22절은 22~26절의 요약입니다. 하나님의 의를 어떻게 얻을 수 있습니까? 하나님의 의가 미치는 범위가 어떠합니까(22)?

Q3 23절은 죄악론의 요약입니다. 의롭지 못한 사람이 어떻게 의롭다 함을 받을 수 있습니까(24)? 하나님의 은혜가 구체적으로 무엇입니까?

Q4 거룩하신 하나님과 죄인 사이에는 죄의 장벽으로 막혀 있습니다(사 59:1~2). 하나님께서는 어떻게 죄인이 용서받고 하나님과 화목할 수 있는 길을 만드셨습니까(25~26)? 예수님의 피가 어떻게 하나님의 의를 이루었습니까(레 17:11; 롬 6:23)?

말씀의 자리+

+ 그리스도 예수 안에 있는 속량 (24) +

속량(贖良)이란 속죄 혹은 구속(救贖, redemption)이란 말과 같은 뜻을 가지고 있습니다. 노예해방과 같은 해방을 말합니다. 잡아 가둔다는 뜻을 가진 구속(拘束)과는 정반대의 뜻을 가지고 있습니다. 로마서가 쓰이던 시절에는 노예제도가 있었습니다. 노예시장에서 노예를 짐승처럼 팔기도 하고 사기도 하였습니다. 노예를 해방시키고자 하면 노예의 몸값인 속전(贖錢)을 지불하고 자유인으로 선언하고 해방시켰습니다.

예수 그리스도께서는 죄의 노예, 사탄의 노예, 율법의 노예로 살고 있는 인류를 해방시키려고 자신의 몸을 속전으로 바치시고 예수님 믿는 자를 자유인으로 선언하시고 해방시키셨습니다. 이를 그리스도의 속량 혹은 구속이라 합니다. 그리스도의 구속은 참으로 은혜(恩惠, grace)라 아니할 수 없습니다. 은혜란 너무나 엄청난 가치 있는 것이어서 값을 받지 않고 거저 주시는 선물을 말합니다. 예수 그리스도의 속량은 참으로 놀라운 하나님의 은혜입니다.

II. 세 가지 질문과 답변 (27~31)

Q5 성경에서 질문합니다. "그런즉 자랑할 데가 있느냐? 무슨 법으로냐, 행위로냐?" 이에 대한 성경의 대답은 무엇입니까(27~28)? 당신의 생각은 어떠합니까? (이에 대해서는 4~8장에서 더 자세히 배울 수 있습니다.)

말씀의 자리+

+ 오직 믿음의 법으로 (27) +

'오직'이란 말은 다른 길은 없고 단 하나뿐임을 가리킨 말입니다. 즉 사람이 의롭다 함을 받는 길은 오직 예수 그리스도를 믿는 길뿐이라는 말입니다. 믿음은 무엇입니까? 믿음이란 무턱대고 믿는 것이 아닙니다. 하나님의 계시를 받아들임이 믿음입니다. 즉 하나님의 놀라운 구원의 은혜를 나를 위한 것으로 받아들임이 믿음입니다. 성경은 믿음을 매우 강조하고 있습니다. 왜냐하면 믿음이 없으면 하나님의 은혜가 나에게 효력을 발생할 수 없기 때문입니다. TV 전파가 공중에 전파되어 나에게 매우 유익한 프로그램이 방영되어도 나에게 TV가 없으면 그 프로그램을 볼 수 없는 것과 같습니다.

믿음은 하나님의 객관적 구원의 사건을 나의 주관적 구원의 사건이 되도록 만들어 주는 것입니다. 하나님의 구원의 사건을 나를 위한 나의 구원의 사건으로 받아들여야 됩니다. 믿음을 가져야 됩니다. 믿음은 하나님의 은혜에 전폭적으로 나 자신을 맡기는 것입니다. 그러므로 믿음은 나를 내세우는 것이 아니라 나 자신을 버리는 것입니다. 믿음은 나를 자랑하는 것이 아니라 오직 주님만을 자랑하는 것입니다. 주님만을 자랑하고 주님만을 신뢰할 때 내 안에 하나님의 은혜가 가득 차게 됩니다. 그 귀한 믿음을 가지셔서 하나님의 은혜에 충만하시기를 바랍니다.

Q6 성경에서 질문합니다. "하나님은 다만 유대인의 하나님이시냐, 또한 이방인의 하나님은 아니시냐?" 이에 대한 성경의 대답은 무엇입니까(29~30)? 당신의 생각은 어떠합니까? (이에 대해서는 9~11장에서 더 자세히 배울 수 있습니다.)

Q7 성경에서 질문합니다. "그런즉 우리가 믿음으로 말미암아 율법을 파기하느냐?" 이에 대한 성경의 대답은 무엇입니까(31)? 이상의 세 가지 질문에서 강조하는 것은 무엇입니까? (이에 대해서는 12장 이후에서 더 자세히 배울 수 있습니다.)

삶의 자리

Q1 죄인인 인간이 율법 안에서 발견할 수 있는 것은 절망뿐입니다. 우리가 절망을 넘어 하나님께서 주시는 의롭다 하심을 받을 수 있는 소망은 어디에 있습니까?

5과 믿음으로 의롭다 하심

로마서 4:1~25 (암송구절 5절)

일을 아니할지라도 경건하지 아니한 자를 의롭다 하시는 이를 믿는 자에게는 그의 믿음을 의로 여기시나니

시작하는 이야기

'믿음으로 의롭게 된다!'는 것은 성경의 핵심 진리입니다. 인간의 행위로 의롭게 되는 것이 아니라 하나님이 어떤 분인지와 그분이 주신 약속을 믿음으로 의롭게 됩니다. 이 진리는 사람이 만들어낸 이야기가 아닙니다. 성경을 통해 이미 보여주신 하나님의 진리입니다. 본문은 의로운 행위가 없이 의롭게 여김을 받은 아브라함의 예와 용서받을 수 없는 죄를 행하고도 의롭게 여김을 받은 다윗의 예를 통해 모든 사람이 오직 믿음으로 의롭게 됨을 설명합니다. 믿음으로 의롭게 되는 길이 왜 진리인지 함께 살펴봅시다.

MEMO

말씀의 자리

I. 믿음으로 의롭다 여김을 받은 아브라함과 다윗 (1~12)

Q1 하나님께서는 아브라함의 무엇을 보고 의롭다고 여겨 주셨습니까(1~3; 창 15:1~6)? 삯과 은혜의 차이는 무엇입니까(4~5)?

말씀의 자리+

+ 행위와 믿음 (2~4) +

성경은 집요하게 사람의 행위로는 의롭게 될 수 없고 오직 믿음으로 의롭게 됨을 강조하고 있습니다. 모든 종교나 사상, 도덕은 인간의 행위를 강조하고 있습니다. 인간의 노력과 수양, 적선, 공로로 완전한 인간에 도달하려는 것이 인간의 일반적인 모습입니다. 그러나 성경은 사람의 노력으로 완전해질 수 없음을 이미 1장 18절~3장 20절에서 상세히 밝혔습니다. 그리고 3장 23절에서 "모든 사람이 죄를 범하였으매 하나님의 영광에 이르지 못하더니"라고 못 박았습니다. 사람의 행위로 의롭다고 할 육체가 없습니다. 왜냐하면 인간은 근본적으로 타락한 죄성을 가지고 있기 때문입니다. 또한 비록 사람의 판단으로는 선해 보일지라도 하나님의 판단으로는 악해 보이기 때문입니다. 중요한 것은 하나님의 판단입니다. 하나님은 완전하시며 공정하고 완전한 판단 기준을 가지고 계시기 때문입니다. 인간의 행위로 완전해질 수 없음에도 불구하고 인간은 계속 그러한 노력을 계속하고 있으므로 끝없는 실패를 반복하고 있는 것입니다.
이러한 인간들에게 기쁜 소식, 복음이 울려 퍼졌습니다. 하나님께서 인간이 의로워질 수 있는 길을 친히 만드신 것입니다. 하나님께서 완전한 구원의 길을 만드시고 인간을 초청하신 것입니다. 참으로 은혜가 아닐 수 없습니다. 그러므로 믿음이란 알 수 없는 것을 무조건 믿는 것이 아니라 하나님의 은혜를 겸손히 받아들임이 믿음입니다. 인간이 의로워지는 것은 인간 스스로는 불가능하나 하나님의 능력으로는 가능합니다. 하나님의 구원 사건을 받아들임이 믿음입니다. 사람이 의롭다 함을 받을 수 있는 것은 인간의 행위가 아니라 하나님의 은혜입니다. 하나님의 은혜를 믿음으로 의롭다 함을 받을 수 있습니다. 믿음으로 의롭다 함을 받은 자는 기쁘게 순종하게 됩니다. 그리하여 진정 삶 속에서 의로워집니다.

Q2 다윗은 간음죄와 살인죄를 지었던 죄인입니다. 그런데도 다윗은 하나님께 어떤 복을 받았습니까(6~8)? 무엇을 통해 그 복을 받았습니까(5, 시 32:1~5)?

* 다윗은 간음죄와 살인죄를 짓고 죄를 숨기려 했으나, 나단 선지자를 통해 주신하나님의 말씀 앞에서 처절한 참회의 시간을갖습니다(삼하 12장; 시 32편).

Q3 아브라함이 할례를 받기 전 하나님께 의롭다 칭함을 받은 것은 무엇을 의미합니까(9~12)?

II. 믿음으로 이루어질 하나님의 약속 (13~25)

Q4 아브라함과 그의 후손들이 세상의 상속자가 되리라고 하신 언약은 무엇을 통해 받았습니까(13)? 만일 율법을 통해 언약을 받게 된 것이라면 어떤 문제가 발생할까요(14~15)?

* 세상의 상속자(13) : 일차적으로 창 17:8의 말씀대로 가나안 땅을 아브라함의 후손이 유업으로 받는 것을 의미한다. 그러나 보다 포괄적인 의미로는 그의 신앙의 자취를 좇는 믿음의 후손이 상속자가 되어 하나님 나라를 얻게 된다는 의미이다(갈 3:29, 5:21; 롬 8:17; 계 21:7).

말씀의 자리+

+ 믿는 모든 자의 조상 (11, 16) +

아브라함을 믿음의 조상이라고 합니다. 아브라함의 믿음이 어떠하여서 그가 믿음의 조상이 된 것입니까? ① 자기 형편보다도 하나님의 약속을 더욱 붙들고 믿었다. 즉 자기를 버리고 하나님을 의지했다(3~4). ② 부활의 하나님, 창조주 하나님을 믿었다(17). ③ 바랄 수 없는 중에도 하나님의 약속을 그대로 믿었다(18). ④ 자신과 아내의 생식 능력이 없음을 알고도 하나님의 약속을 믿었다(19~21). 자기 생각을 포기하고 하나님의 뜻을 절대적으로 믿었다. ⑤ 자기 의존을 포기하고 하나님을 절대적으로 신뢰하는 믿음의 본을 남겼다.

이 믿음을 보신 하나님께서는 이 믿음은 장차 보내실 예수 그리스도 안에 있는 구원을 자기의 구원으로 받아들일 수 있는 믿음으로 보셨습니다. 이러한 하나님에 대한 절대적 믿음과 순종이 있을 때 하나님께서는 완전한 새 인간으로 변화시키실 것을 내다보셨습니다. 그 믿음으로 장차 완전한 의를 얻을 것입니다. 하나님께서는 아브라함의 믿음을 의로 여기셨습니다. 아브라함의 믿음은 장차 나타날 영원한 하나님의 백성들의 모습이었습니다.

진실한 하나님의 백성들은 누구나 아브라함처럼 자기 의존을 포기하고 하나님의 은혜를 절대적으로 의지하고 순종합니다. 이 믿음이 영원한 하나님의 백성들의 가장 근본적인 요소입니다. 그 믿음의 본보기를 처음으로 보여준 아브라함이야말로 믿음의 조상이라 불리는 것이 합당합니다.

Q5 하나님께서 믿음을 통해 상속자가 되게 하신 이유는 무엇입니까(16)?

Q6 하나님이 아브라함에게 주신 약속은 무엇이며, 아브라함은 어떤 상황에서, 어떤 믿음을 통해 의롭다 여김을 받았습니까(17~22)?

Q7 하나님께서 아브라함의 믿음을 통해 의롭게 여겨 주신 것을 성경에 기록한 것은 장차 누구를 위한 것입니까(23, 24a)? 우리가 의롭다 여김을 받고 하나님 나라의 상속자가 되기 위해 가져야 할 믿음의 내용과 믿음의 대상은 누구입니까(24b~25)?

삶의 자리

Q1 당신은 하나님 앞에 의롭다 여김을 받기 위해서 무엇이 중요하다고 생각하였습니까? 하나님께서는 왜 믿음을 통해 의롭게 되는 길을 만드셨을까요?

6과 의롭다 하심을 받은 사람들의 복

로마서 5:1~21 (암송구절 1절)

그러므로 우리가 믿음으로 의롭다 하심을 받았으니 우리 주 예수 그리스도로 말미암아 하나님과 화평을 누리자

시작하는 이야기

하나님을 믿음으로, 하나님의 약속을 믿는 자들은 의롭다함을 받습니다. 의롭지 않으나 의롭다고 여겨 주시는 것입니다. 이를 '칭의'라 부릅니다. 이 '칭의'는 죄로 인해 끊어졌던 하나님과의 관계 회복이며 하나님의 자녀로서 지위를 확보하게 합니다. 이제 하나님의 자녀는 많은 복을 누리게 됩니다. '칭의'의 복은 시간과 공간을 초월하여 모든 세대 모든 사람에게 영향력을 끼칩니다. 본문은 아담과 그리스도를 대조하여 시공을 초월한 구원을 설명하고 있습니다. 하나님이 주신 '칭의'의 복을 온전히 누리며 살아가길 바랍니다.

MEMO

말씀의 자리

I. 믿는 자가 누리는 '칭의'의 복 (1~11)

Q1 예수님을 믿음으로 의롭다 하심을 얻은 자들이 누리는 복은 무엇이며(1), 그 의미는 무엇입니까(2a; 엡 3:12; 히 4:16)? 하나님의 자녀들은 궁극적으로 어떤 소망을 갖게 됩니까(2b)?

Q2 하나님의 자녀들은 환난 앞에서 어떻게 반응합니까(3a)? 그 이유는 무엇입니까(3b~4; 롬 8:18)?

말씀의 자리+

+ 은혜에 들어감 (2) +

은혜에 들어감이란 말은 마치 어느 공간 속에 들어감 같은 뉘앙스를 풍깁니다. 성전 지성소에는 제사장들도 들어갈 수 없었습니다. 믿음으로 의롭게 된 하나님의 자녀들은 하나님의 앞에 나아가 더 친밀하게 되었으니 은혜 중의 은혜라 아니할 수 없습니다. 또한 우리는 모든 것이 풍성하게 공급되고 베풀어지는 영혼의 고향, 하나님의 품 안, 곧 은혜 속에 서있는 것입니다.

Q3 하나님의 자녀들도 연약하고 부족한 모습을 보일 때가 있습니다. 그럼에도 불구하고 하나님의 사랑을 더욱 확실하게 붙잡을 수 있는 근거는 무엇입니까(5~8)?

Q4 화목 제물 되신 예수 그리스도 인해 우리가 누리게 되는 복은 무엇입니까(9~11)?

말씀의 자리+

+ 소망 (4~5) +

의롭게 된 하나님의 자녀들은 놀라운 소망을 갖게 됩니다. 하나님의 영광을 보게 되고 그 영광에 이르게 되는 소망입니다. '하나님의 영광을 바라고 즐거워하느니라(2)'는 말씀은 3장 23절의 '하나님의 영광에 이르지 못하더니'와 대조되는 말씀입니다. 하나님의 슬픔이 된 죄인들이 하나님의 영광을 바라며 즐거워하게 되었습니다. 그 소망이 환난 중에서도 고난을 인내하게 하고 더욱 성숙한 신자로 연단 받게 합니다. 그리고 어떤 고난도 이기는 참하나님의 자녀가 되게 하는 것이었습니다. 그러므로 소망은 삶을 이끌어 가는 견인차입니다.

II. 칭의의 복이 미치는 범위 (12~21)

신자에게 이런 질문이 생길 수 있습니다. "2천 년 전 예수 그리스도 한 분의 죽음이 어떻게 온 인류에게 구원의 은혜를 베풀 수 있는가?" 사도 바울은 이 질문에 답하기 위하여 아담과 그리스도(둘째 아담)를 대조시켜서 '대표 원리'를 설명합니다.

Q5 인류의 대표, 아담 한 사람의 죄가 모든 인류에 끼친 영향이 무엇입니까(12~14)?

말씀의 자리+

+ 아담은 오실 자의 모형 (14) +

아담은 인류의 대표이기에 후손들에게 강력한 영향력을 미쳤습니다. 원죄, 사망입니다. 아담의 죄는 시간과 공간을 초월하여 영향력을 미쳐왔습니다. 꼭 마찬가지로 새 인류의 대표, 예수 그리스도의 구원도 시간과 공간을 초월하여 모든 사람에게 그 영향력을 미치는 것입니다. 예수 그리스도의 구원은 모든 시대, 모든 지역, 모든 사람에게 그 효력을 강력하게 끼치는 것입니다. 그래서 아담은 오실 자, 예수 그리스도의 모형이라 하는 것입니다. 이를 대표 원리라 부릅니다.

+ 더욱 … 넘쳤으리라 (15) +

'더욱'은 앞과 뒤를 비교하여 볼 때 앞의 것보다 뒤의 양이 훨씬 많다는 것입니다. 혹은 질이 높다는 것입니다. 비교가 안 될 정도로 풍성하고 우월함을 말합니다. 즉 그리스도의 은혜는 아담의 죄를 다 덮고도 넘친다는 말입니다. 그리스도의 은혜는 아담의 죄와 그 결과를 다 해결할 뿐 아니라 한 걸음 더 나아가 영생을 주고 하나님의 자녀의 새 지위를 주는 것입니다.

아담의 영향력

불순종 → 죄 → 정죄 → 죄인 → 심판 → 사망 → 죄와 사망이 왕 노릇

그리스도의 영향력

순종 → 의 → 의롭다 함 → 의인 → 구원(생명) → 영생 → 의와 은혜의 왕 노릇

Q6 모든 인류의 구원자 되신 예수님 한 사람의 영향력은 어떠합니까(15~19)? 아담의 영향력과 비교해 보면 어떤 차이점이 있습니까?

Q7 하나님께서 율법을 주신 이유는 무엇이며, '죄가 더한 곳에 은혜가 더욱 넘쳤나니'란 말씀의 뜻이 무엇입니까(20, 3:19~20)?

말씀의 자리+

+ 죄가 더한 곳에 은혜가 더욱 넘쳤나니 (20) +

율법으로 말미암아 죄가 죄로 확연히 드러나게 되었습니다. 율법으로 말미암아 인간의 죄의식이 민감해지고 죄의 가증함과 무서운 결과가 드러나게 되었습니다. 그리고 율법으로 말미암아 자기 힘으로는 죄를 극복할 수 없음을 알게 되었고 예수 그리스도 안에 있는 하나님의 은혜를 간절히 사모하게 되었습니다. 율법으로 말미암아 죄가 죄로 드러나면서 사람들이 그리스도의 은혜를 더욱 사모하게 되었고 그리스도의 은혜가 더욱 빛을 발하게 되었습니다.

Q8 죄의 통치 아래에 있는 이들과 의의 통치 아래 있는 이들은 각각 무엇에 이르게 됩니까(21)?

삶의 자리

Q1 당신은 의롭다 함을 받은 하나님의 자녀로서 어떤 복을 누리고 있습니까? 당신의 모습이 때로는 연약하고 부족하여도 구원에 대한 확신을 가질 수 있는 근거는 무엇입니까?

7과 그리스도와 연합한 삶

로마서 6:1~23 (암송구절 5절)

만일 우리가 그의 죽으심과 같은 모양으로 연합한 자가 되었으면 또한 그의 부활과 같은 모양으로 연합한 자도 되리라

시작하는 이야기

구원을 받았다는 말은 곧 예수님과 연합했다는 말입니다. 예수님과 연합한 사람은 예수님께서 십자가 위에서 돌아가셨듯이 죄에 대하여 죽고, 예수님께서 부활하셨듯이 하나님께 대하여 새로운 피조물로 부활했음을 의미합니다. 그래서 구원받은 사람은 새로운 피조물로서 거룩한 삶을 살기 시작합니다. 이를 성화의 과정이라고 부릅니다. 하나님의 자녀는 그의 삶을 하나님께 적극적으로 드려서 거룩해져 갑니다. 오늘 본문을 통해 성화의 삶을 배워봅시다.

MEMO

말씀의 자리

I. 그리스도와 연합 (1~13)

Q1 5장 20절 '죄가 더한 곳에 은혜가 더욱 넘쳤나니'라는 말씀을 듣고 죄를 더 지어도 괜찮다는 생각을 할 수도 있습니다(1). 이에 대한 답변이 무엇입니까(2)?

말씀의 자리+

+ 그리스도 예수와 합하여 세례를 받은 우리 (3) +

세례는 죄 씻음 받았다는 믿음을 여러 사람들 앞에서 공인받는 것입니다. 세례 받을 만한 믿음은 예수 그리스도를 진실로 믿는 믿음입니다. 예수님을 진실로 믿는 믿음은 그리스도께서 하나님의 아들이시며, 그 거룩하신 분께서 인류와 나를 위하여 십자가에 나 대신 죽으셨고 부활하셔서 인류와 나를 구원하셨다는 믿음입니다. 이 믿음을 가진 사람은 세례를 받을 자격이 있습니다. 세례는 ① 그리스도를 진실로 믿고 그리스도와 연합하여 죄 씻음을 받았다는 믿음에 대한 인정 ② 새 언약을 받은 하나님의 백성이 되었음을 인침 ③ 정식 교인이 되어 교회(공동체)의 책임 있는 일원이 되었음을 인정받음입니다.

믿음은 ① 하나님의 계시를 영접함(요 1:12) ② 하나님의 뜻에 순종함(롬 1:5) ③ 연합(롬 6:3)의 뜻을 가지고 있습니다. 그리스도를 자기 마음속에 모시고 영접하면 성령께서 그 영혼을 그리스도와 연합하게 하십니다. 나를 위하여 그리스도께서 십자가에 죽으셨음을 믿는 것은 내가 그리스도와 함께 십자가에 연합되어 함께 죽었음을 믿는 것입니다. 그러므로 믿음은 연합입니다.

이 그리스도와의 신비로운 연합으로 우리는 죄와 사망에서 벗어날 수 있습니다. 성령님께서 그리스도와의 신비로운 연합을 통해서 우리를 거룩한 하나님의 자녀로 성화되게 하십니다. 그리스도와의 연합은 날마다 믿음의 삶 속에서 이루어집니다. 십자가와 부활을 믿음으로 그리스도의 십자가와 부활에 연합하여 옛사람은 십자가에 못 박아 버리고 그리스도 안에서 새롭게 부활되어 새 생명을 받아 새로워지는 것입니다.

Q2 세례의 의미는 무엇입니까(3)? 하나님의 자녀가 그리스도와 연합했다는 말은 무엇을 의미합니까(3~5)?

Q3 하나님의 자녀가 어떻게 죄를 이길 수 있습니까(6~8)?

Q4 그리스도와 연합한 삶을 위해 중요한 동사 세 가지는 무엇입니까(6~9, 10~11, 12~13)?

말씀의 자리+

+ 드리라 (13) +

인간은 지, 정, 의 인격을 가진 존재입니다. 그래서 생각, 감정, 행동이 변화되어야 진정으로 변화됩니다. 그래서 바울 사도는 그리스도와 연합을 통한 성화를 설명하면서 알라(know), 여기라(reckon), 드리라(yield)를 강조한 것입니다. 드리라(yield)는 '항복하다, 양도하다, 헌신하다' 등의 뜻을 가지고 있습니다. 삶의 주도권을 주님께 양도하는 것이 바로 드린다는 것입니다. 오늘 이 시간 나의 지체인 입을 죄의 도구로 죄에게 드릴 수도 있고, 하나님의 도구로 드릴 수도 있을 때 나의 지체의 지배권을 하나님께 드림이 여기서 말하는 드린다는 것입니다. 나의 지체를 하나님께 의의 병기로 드리는 것이 헌신입니다. 이와 같이 우리의 각 지체 곧 눈, 귀, 입, 손, 발, 몸 등을 하나님께서 의의 병기로 쓰시도록 양도할 때 우리는 성화됩니다. 생명의 은인이신 주님께 자발적이고 적극적인 순종이 있을 때 기쁨이 충만하고 거룩한 새사람으로 변화되어 갑니다.

II. 거룩한 삶 (12~23)

Q5 구원받은 하나님의 자녀가 거룩한 삶을 살기 위해 어떻게 해야 합니까(12~14, 19)?

* 죽을 몸 : 태어나면서부터 죄에 대한 취약성을 가진 연약한 죄인의 육체, 또는 그의 전 존재.

Q6 죄가 하나님의 자녀들을 주관하지 못하는 이유는 무엇입니까(14~15)? 왜 자신을 의의 종으로 드려야 합니까(16)?

Q7 죄의 종이었던 사람이 의의 종이 되는 과정이 어떠합니까(17~18)?

Q8 죄의 종과 의의 종으로 살아갈 때 어떤 열매를 맺게 됩니까(20~23)?

삶의 자리

Q1 당신이 그리스도와 연합한 삶을 살고자 할 때 어려운 것은 무엇입니까?

Q2 이전에 죄의 종으로 살았을 때와 그리스도와 연합한 이후에 당신이 맺고 있는 열매들은 어떻게 다릅니까?

MEMO

8과 율법과 죄

로마서 7:1~25 (암송구절 6절)

이제는 우리가 얽매였던 것에 대하여 죽었으므로 율법에서 벗어났으니 이러므로 우리가 영의 새로운 것으로 섬길 것이요 율법 조문의 묵은 것으로 아니할지니라

시작하는 이야기

그리스도와 연합한 하나님의 자녀는 거룩한 삶을 살아야 합니다. 거룩한 삶은 율법의 요구대로 사는 것입니다. 그래서 하나님의 자녀에게 율법의 요구대로 사는 삶은 중요한 문제입니다. 본문은 두 가지 방법을 말합니다. 자기 의지로 그 요구를 이루는 방법과 성령의 인도하심 속에서 은혜를 누리며 그 요구를 이루는 방법입니다. 하나님의 자녀는 은혜라는 새로운 동력으로 삶을 삽니다. 하나님의 자녀는 하나님의 은혜에 감격하여 거룩한 삶을 추구하게 됩니다. 이런 일들은 율법의 낡은 방법이 아닌 성령의 새로운 방법으로 하나님을 섬기는 삶입니다.

MEMO

말씀의 자리

I. 율법이 아닌 영의 새로운 것으로 (1~13)

Q1 결혼의 비유를 통해 하나님의 자녀가 깨달아야 할 것은 무엇입니까(1~4)?

말씀의 자리+

+ 생명의 성령의 법, 죄와 사망의 법 +

로마서의 비밀을 푸는 열쇠가 되는 말씀입니다. 구원에 이르고자 하는 인간의 모습은 크게 두 가지로 요약됩니다. 인간의 자기 노력으로 완전한 선에 도달하려는 자력 구원의 체계와 하나님의 구원에 전적으로 의지하고 순종하는 은혜 구원의 체계입니다. 그런데 전자는 큰 모순 속에 있습니다. 자기 안에 구원이 없어서 구원받고자 하는데 자기 노력으로 구원받고자 노력한다는 것입니다. 즉 근본적으로 이룰 수 없는 일을 끊임없이 반복하고 있는 것입니다. 율법의 가르침이 선하고 좋지만 그것을 지킬 수 없는 근본적인 문제점을 가지고 계속해서 시도하고 있는 것입니다. 그 결과 죄와 사망의 지배를 받게 됩니다. 죄와 사망의 법이란 자력 구원 체계를 말합니다. 그 속에서는 죄의 굴레를 벗지 못하고 계속 죄를 지으며 사망의 고통을 맛보며 사망에 이르게 되는 것입니다.

은혜 구원 체계는 전혀 다릅니다. 인간 안에는 구원이 없다는 것을 깨끗이 시인하고 '인간 밖에서' 곧 하나님에게서 구원을 찾습니다. 이미 하나님께서는 예수 그리스도를 통하여 인류 구원을 만들어 놓으셨습니다. 그 놀라운 하나님의 구원을 감사함으로 겸손히 믿고 순종할 때 하나님께서 완전한 구원의 길로 인도해 주십니다. 하나님께서는 예수 그리스도를 믿고 순종하는 하나님의 자녀들을 위하여 그리스도의 영 곧 성령을 보내 주십니다. 성령님은 그리스도의 생명을 주시며 신자로 하여금 그리스도를 닮아 가도록 도와주십니다. 그래서 자기를 버리고 하나님을 절대 의지하는 신자들에게 성령께서는 그리스도의 생명이 넘치도록 도와주십니다.

그러므로 2절은 이렇게 해석할 수 있습니다. 그리스도를 믿고 성령을 받아 그리스도의 생명을 누리게 된 이 믿음과 삶이 그리스도 은혜 밖에서 자기 노력으로 구원받고자 부단히 노력하나 죄와 사망 속에서 허덕일 수밖에 없던 그 지긋지긋한 삶에서 신자들을 해방시켜 주었습니다. 그리스도의 사랑과 구원의 은총에 감사하며 거룩한 삶을 사시기 바랍니다.

Q2 율법 아래에 있을 때 맺는 열매는 무엇이며(5), 그렇다면 하나님의 자녀는 무엇이 달라졌으며 어떻게 살아야 합니까(6, 2:28~29)?

말씀의 자리+

율법으로 말미암는 죄의 정욕 (5)

죄의 정욕이란 죄짓고 싶어 하는 욕망을 말합니다. 이 죄의 정욕이 대부분은 타락한 본성이나 사탄, 세상에서 생기지만 율법을 통해서 생기기도 합니다. 잔디밭에 들어가지 말라는 경고문을 볼 때 들어가고 싶은 욕망을 느끼듯이 율법에는 죄를 부추기는 기능도 있음을 말합니다. 율법이 잘못이 아니라 인간의 타락한 본성이 잘못된 것입니다.

+ 영의 새로운 것 (6) +

영의 새로운 것은 조문의 묵은 것과 대조되어 있습니다. 조문(條文, written code)은 기록된 율법을 가리킵니다. 영은 그리스도의 영인 성령을 가리킵니다. 과거 그리스도 밖에 있을 때는 성화되기 위하여 기록된 율법을 꼬박꼬박 지키며 노력하였는데 이제 그리스도 안에서는 성화되기 위하여 낡고 나쁜 삶의 방식을 버리고 새롭고 은혜로운 삶의 방식인 영(靈, Spirit)의 인도함 받는 삶을 살라는 것입니다.
주일성수 하라는 계명에 얽매여 주일을 지킬 때에 무미건조하고 많은 유혹을 받게 됩니다. 그러나 그리스도 안에서 성령 충만하여 예수님의 구원의 은혜와 사랑과 그분의 높은 뜻을 알 때 주일 지키는 것이 즐겁고 주일 지키는 것이 큰 복으로 여겨집니다. 율법 조문의 묵은 것으로 섬길 때는 성화를 이룰 수 없고 영의 새로운 것으로 섬길 때에 성화를 이룰 수 있습니다.

Q3 율법은 본래 어떤 것이며(7a, 12, 14a) 죄와 어떤 관계가 있습니까(7~11)?

II. 곤고한 사람 (14~25)

Q4 율법을 따라 살려 하지만 결국 어떻게 됩니까(14~15)? 이를 통해 무엇이 증명됩니까(16)?

Q5 위와 같은 모순적인 상태가 된 이유는 무엇입니까(14, 17~20)?

Q6 이를 통해 발견하는 한 가지 법칙은 무엇입니까(21~23)? 당신은 이런 내적 갈등을 경험한 적이 있습니까?

* 하나님의 법 : 하나님이 기뻐하시는 율법 / 한 다른 법 : 하나님의 법을 반대하여 죄에 끌리는 본성 / 내 마음의 법 : 하나님의 법을 옳다 여기는 양심

Q7 결론적으로 깨닫는 것과 고백하는 것은 무엇입니까(24~25)?

* 곤고한 사람 : 두 가지 반대되는 힘에 시달리는 비참한 인생

삶의 자리

Q1 당신은 죄와 싸우는 경험을 하고 있습니까?

Q2 당신이 연약한 삶의 모습 중에도 감사하게 되는 것은 무엇입니까?

MEMO

9과 성령과 성화

로마서 8:1-28 (암송구절 1~2절)

그러므로 이제 그리스도 예수 안에 있는 자에게는 결코 정죄함이 없나니 이는 그리스도 예수 안에 있는 생명의 성령의 법이 죄와 사망의 법에서 너를 해방하였음이라

시작하는 이야기

8장은 1~17절과 18~39절로 나눌 수 있습니다. 1~17절은 '이미(already)'를, 18~39절은 '아직(not yet)'이 강조됩니다. 본문은 바로 앞 단락인 7장에서 나온 인간의 고뇌를 해결할 수 있는 유일한 해답은 하나님께 있음을 종말론적으로 가르쳐 줍니다. 특히, 성령님은 연약한 우리를 도와 율법이 완수하지 못한 임무를 완성해 가십니다. 그래서 하나님 자녀의 생활은 성령을 통해 풍성한 열매를 맺게 됩니다. 하지만 그리스도께서 이미 보여주신 것처럼 고난도 함께 감당해야 합니다. 모든 과정에 성령이 함께하시기 때문에 하나님의 자녀는 고난 중에도 소망하며 인내할 수 있습니다. 본문을 통해 우리의 삶에 가장 가까이 동행하시는 성령님의 도우심을 묵상하기 바랍니다.

MEMO

말씀의 자리

I. 육신을 따르지 말고 영을 따르라 (1~11)

Q1 율법의 요구 앞에 실패할 수밖에 없는 사람이 그리스도 예수 안에 거하게 되면 어떻게 됩니까(1)? 그 이유는 무엇입니까(2)?

* 정죄함(헬라어-카타크리마) : 법정에서 피고가 유죄 선고를 받을 때 사용되었던 말. 율법의 요구를 다 완수하지 못했을 때 하나님께 받는 선고임.

Q2 율법의 한계는 무엇이며(3a), 하나님께서 이 문제를 어떻게 해결하셨습니까(3b~4)?

Q3 육신을 따르는 것과 영을 따르는 것이 어떻게 대조되어 있습니까(5~11)?

말씀의 자리+

+ 육신의 생각, 영의 생각 (6) +

성화에 가장 중요한 것은 성령의 인도하심입니다. 성령의 인도하심을 받는 데 있어 중요한 것은 생각(5~8), 인격(9~11), 삶(12~17)입니다. 특히 생각이 가장 중요합니다. 생각은 사상을 낳고, 사상은 곧 인격으로 굳어지고, 사상과 인격은 곧 삶으로 나타납니다. 그러므로 성령의 인도하심을 받는 데 생각이 가장 중요합니다. 신자는 육신의 생각과 영의 생각 사이에 서게 됩니다. 인간은 육체와 영혼을 가지고 있습니다. 신자 안에는 타락한 죄의 본성인 육신의 생각과 예수님의 은혜인 성령의 생각이 다 존재합니다. 신자의 자아는 이 두 세력, 두 요구에 부딪힙니다. 어느 요구를 선택하는가에 따라 엄청난 결과를 초래합니다. 육신의 생각 곧 타락한 죄의 본성을 따르면 다시금 죄의 지배를 받아 구원의 은혜를 상실하고 구원받지 못한 사람과 비슷하게 됩니다. 그러나 주님의 구원의 은혜를 생각하며 성령의 인도하심을 받으면 더욱 놀라운 하나님의 은혜를 누리게 되고 거룩하게 변화됩니다. 그러므로 영의 생각이 중요합니다. 성령께서 내 생각, 인격, 삶을 인도하시도록 육신의 생각을 멀리하고 영의 생각을 해야 합니다.

+ 영으로써 몸의 행실을 죽이면 살리니 (5) +

성화의 마지막 단계는 행동, 곧 삶입니다. 신자의 성화를 가로막고 있는 것은 악한 생활 습관입니다. 악한 옛 생활 습관을 고치지 않고 있으면 하나님의 은혜가 삶 속에 뿌리를 박지 못하고 성령의 열매를 맺지 못합니다. 위선자와 같이 이중적으로 살게 됩니다.
그러면 수년 혹은 수십 년 굳어져 있는 옛 생활 습관을 어떻게 고칠 수 있습니까? 망치로 때려 부수듯 부숴야 합니다. 영으로써 몸의 행실을 죽여야 합니다. 하나님의 은혜, 하나님의 말씀, 하나님의 성령을 붙들고 옛 생활 습관을 고쳐야 합니다. 죽여야 합니다. 타락한 본성, 육신대로 살면 내가 죽습니다. 내가 살려면 죄로 오염된 옛 생활 습관, 몸의 행실을 죽여야 됩니다.

II. 영으로 육신을 죽이라 (12~17)

Q4 하나님의 자녀로서 구원의 빚을 진 사람은 어떻게 살아야 합니까(12~14)?

Q5 우리가 하나님의 자녀라는 근거가 무엇이며(15~16), 하나님의 자녀(상속자)가 가진 특권은 무엇입니까(17)?

Ⅲ. 영광을 바라보고 고난을 감당하라 (18~28)

Q.6 하나님 자녀의 현재 고난에 대해 성경은 어떤 종말론적인 교훈을 주고 있습니까(18~22; 고후4:17 참조)? 특히, 하나님께서 지으신 피조세계의 현재 상태(20, 22)와 소망(19, 21)이 무엇입니까?

* 헬라어 원문에서는 18절이 '왜냐하면(헬라어-가르)'으로 시작한다. 신자의 고난과 인내가 필연적인 이유를 설명하는 것이다.

말씀의 자리+

+ 고난도 함께 받아야 (17) +

신자가 성령의 인도하심을 받으며 살아갈 때 외적 고난, 내적 고난을 겪게 됩니다. 이 고난의 장벽 앞에 쓰러지는 신자가 부지기수입니다. 그런데 이 고난은 도리어 성화의 촉매제일 뿐 아니라, 성화의 연단장(鍊鍛場)입니다. 그러므로 믿음으로 고난을 잘 받으면 성화에 큰 도움이 됩니다.

노예의 영을 갖는지와 아들의 영을 갖는지가 고난에 대한 태도를 결정짓습니다. 노예는 무조건 고난을 싫어하고 회피합니다. 우선 편하고 보자는 철학을 가지고 행동합니다. 조금만 수고하면 큰 즐거움이 오는데 그것을 바라보지 못하고 고난을 회피함으로 큰 화를 당합니다. 그러나 아들은 다릅니다. 큰일을 이루기 위해서는 반드시 고난의 대가를 치러야 함을 깨닫고 고난을 달게 받습니다. 고난을 원수처럼 대하지 아니하고 '고난은 축복의 통로다.'라는 철학을 가지고 기쁘게 고난을 받습니다. 성화되는데 따르는 외적 고난, 내적 고난 모든 고난을 달게 받습니다. 그러므로 날마다 성장하며 큰 은혜를 누리게 됩니다. 특히 장차 나타날 영광을 바라보며 기쁘게 고난을 받습니다. 하나님의 후사가 되어 영광을 누릴 소망을 가지고 즐거이 고난을 받습니다. 그래서 아들의 영을 가지고 자진하여 즐거이 고난을 감당하는 신자는 크게 성장하고 성화됩니다.

Q7 고난을 당하는 하나님의 자녀에게 하나님께서 주신 첫 열매는 무엇이며(23a), 진정한 소망의 내용(23b)과 특징은 무엇입니까(24~25)?

* 처음 익은 열매(23) : 첫 열매인 성령은 장차 신자들에게 주실 열매들의 보증이 되신다.
* 보이지 않는 소망(24) : 보이는 소망이 인간의 능력으로 알고 볼 수 있는 것과 달리, 보이지 않는 소망은 하늘의 영역에 속한 것으로 인간으로서 할 수 있는 기대치를 넘어선다.

Q8 성령이 우리를 어떻게 도우십니까(26~27)? 고난 중에 있는 우리가 가져야 할 확신은 무엇입니까(28)?

삶의 자리

Q1 육신을 따라 살던 때와 성령을 따르며 살 때 나의 삶에는 어떤 차이가 있습니까?

Q2 하나님의 자녀로 살아갈 때 경험하는 내적인 고난과 외적인 고난을 나누어 봅시다. 고난을 통해 합력하여 선을 이루신 성령님을 경험한 적이 있습니까?

MEMO

10과 구원의 감격

로마서 8:29~39 (암송구절 39절)

복음에는 하나님의 의가 나타나서 믿음으로 믿음에 이르게 하나니 기록된 바 오직 의인은 믿음으로 말미암아 살리라 함과 같으니라

시작하는 이야기

로마서를 성경 속의 보석으로 표현한다면, 오늘 본문은 그중에서 가장 눈부신 부분이라고 할 수 있습니다. 왜냐하면 본문에는 하나님의 자녀들이 이 땅에서 살아가는 목적과 그들을 지지하는 하나님의 놀라운 은혜가 기록되어 있기 때문입니다. 우리에게 있어서 구원의 확신과 소망은 다른 것이 아닌 오직 그리스도를 통해 보여주신 하나님의 사랑에 있습니다. 그 구원의 감격에 힘입어 세상에서 당하는 여러 고난을 충분히 이길 수 있습니다. 본문을 통해 그리스도 안에서 끊을 수 없는 하나님의 사랑을 경험하길 바랍니다.

MEMO

말씀의 자리

I. 완전한 하나님의 구원 (29~37)

Q1 하나님께서 우리를 구원하시기 위해 행하신 다섯 가지 동사는 무엇입니까? 그리고 그 목적은 무엇입니까(29, 30)?

말씀의 자리+

+ 미리 정하셨으니 (29) +

하나님의 예정하심은 성경이 가르치는 명백한 진리입니다. 또한 우리가 이성적으로 생각해 볼 때 전지전능한 하나님께서 미리 아시고 미리 예정하실 것이라는 것은 쉽게 깨달을 수 있습니다. 또한 경험적으로 우리의 과거를 돌아보면 내가 믿기 전에 믿을 수 있는 모든 조건이 만들어졌으며 내가 믿지 않으면 안 되도록 되었음을 알 수 있습니다. 이것으로 볼 때 하나님의 예정은 너무나 명백한 진리입니다.

예정 신앙은 신자들을 겸손하게 합니다. 내가 나의 구원을 이룬 것이 아니라 하나님께서 은혜로 나를 택하시고 부르셨음을 깨달을 때 겸손하지 않을 수 없습니다. 예정의 신앙은 구원의 강한 확신을 줍니다. 만일 하나님의 예정 없이 내가 믿어 구원받았다고 하면 구원은 나의 믿음에 달려 있는 것이 됩니다. 그런데 나는 얼마나 불확실한 존재인지 모릅니다. 나의 생각, 나의 감정, 나의 행동, 언제 어떻게 바뀔지 모르는 불확실한 것입니다. 그러므로 구원이 나의 믿음에 달려 있다고 한다면 구원은 매우 불안한 것입니다. 그런데 구원은 나에게 달려 있는 것이 아니라 하나님께 달려있는 것입니다. 하나님께서는 만세 전에 나를 예정하시고 나를 선택하셨습니다. 그렇기에 나의 구원은 확실한 것입니다. 영원히 변치 않으시는 하나님께서 보증하시어 나를 구원하신 것이라면 나의 구원은 어떤 일이 일어난다 할지라도 확실한 것입니다. 또한 예정의 신앙은 신자들로 헌신케 합니다. 하나님께서 창세 전에 나를 그처럼 사랑하신 것을 깨달을 때에 감동하여 나의 생명을 바쳐 헌신하게 됩니다. 나를 확실히 구원하실 것을 생각할 때 아무 두려움이 없이 담대하게 온전히 헌신하게 됩니다. 이 모든 것을 생각할 때 하나님의 예정의 신앙은 참으로 귀한 것입니다.

Q2 하나님의 완전한 구원을 확신하는 다섯 가지 질문이 무엇입니까(31~35)?

말씀의 자리+

+ 환난이나 곤고나 박해나 (35) +

초신자들이 그리스도의 사랑을 의심하게 할 만한 것들이 있습니다. 환난, 곤고, 박해, 기근, 적신, 위험, 칼 등입니다. 환난(患難)은 외적인 고난을 말하고, 곤고(困苦)는 내적인 고난을 말합니다. 박해(迫害)는 신자에게 고통을 주고 신앙을 방해하는 고의적인 행동입니다. 또 기근(饑饉)은 경제적인 곤란과 심한 배고픔, 적신(赤身)은 입을 옷이 없어 벌고 벗고 다님을 말하며 위험(危險)은 하나님의 일, 특히 전도하는 일을 위하여 겪는 수많은 위험한 일들을 말합니다. 마지막으로 칼(刀)은 신자들을 죽이며 해치는 무력을 가리킵니다.

이러한 고난이 닥쳐 온다 할지라도 하나님의 놀라운 사랑과 은혜로 말미암아 넉넉히 이기고 남습니다. 고난에서 오는 고통은 크지만 그리스도의 사랑은 그보다 수천 배, 수만 배 크기 때문에 고통이 고통으로 느껴지지 않습니다. 그리고 주님의 사랑 속에서 고난을 감당하고 나면 그 고난은 도리어 성장의 밑거름이 됩니다. 고난이 도리어 유익한 성화의 도구, 성장의 도구가 됩니다. 그러므로 진실한 신앙을 가진 크리스천은 고난도 기쁘게 감당하는 것입니다.

Q3 우리가 대적 앞에서도 담대할 수 있는 이유가 무엇입니까(31~32)?

Q4 하나님께서 택하신 이들을 고발하거나 정죄할 수 없는 이유가 무엇입니까(33~34)?

Q5 하나님의 자녀들을 괴롭히는 고난에는 어떤 것들이 있습니까(35b~36)? 우리가 그런 고난을 넉넉히 이겨낼 수 있는 이유가 무엇입니까(35a, 37)?

II. 끊을 수 없는 하나님의 사랑 (38~39)

Q6 우리를 하나님의 사랑에서 끊을 수 없다는 것을 어떻게 표현하고 있습니까(38~39)?

Q7 요즘 당신을 하나님의 사랑에서 멀어지게 하는 것들이 있다면 무엇입니까? 그럼에도 불구하고 당신은 어떤 확신이 있습니까?

삶의 자리

Q1 하나님이 나를 미리 아시고, 자녀로 부르셨다는 말씀이 어떻게 다가옵니까?

Q2 끊을 수 없는 하나님의 사랑을 생각하며 8장 38~39절을 함께 암송해 봅시다.

MEMO

11과 하나님의 절대 주권

로마서 9:1-33 (암송구절 21절)

토기장이가 진흙 한 덩이로 하나는 귀히 쓸 그릇을, 하나는 천히 쓸 그릇을 만들 권한이 없느냐

시작하는 이야기

유대인들은 선택받은 민족이며 율법을 지키는 자신들이 구원의 대상이라 생각했습니다. 그래서 복음으로 말미암아 이방인도 선택받는다는 사실을 심각한 도전으로 여겼습니다. 이에 대해 바울은 구원이 혈통과 행위가 아닌 하나님의 절대적인 선택과 주권의 영역이라고 선언합니다. 혈통이 하나님의 선택을 보장해 주는 것이 아니며, 행위가 결과를 가져다주는 것이 아닙니다. 오직 하나님의 주권과 선택으로 구원은 이루어집니다. 이를 설명하기 위해 이삭과 야곱, 모세와 바로가 언급됩니다. 토기장이이신 하나님의 선택과 주권을 믿음으로 나를 구원의 과정에 참여시키신 하나님께 감사 드리며 그분의 선택으로 인한 구원의 확신을 가지길 바랍니다.

MEMO

말씀의 자리

I. 이스라엘을 선택하신 하나님 (1~5)

Q1 동족들을 생각하는 바울의 마음이 어떠합니까(1~3)? 갑자기 왜 이런 마음을 표현하고 있습니까?

Q2 이스라엘 사람들이 하나님께 받은 8가지 특권은 무엇입니까(4~5)? 그중에서도 이스라엘 민족을 통해 사람들에게 주신 가장 큰 은혜는 무엇입니까(5)?

II. 하나님 선택에 대한 성경의 교훈 (6~18)

Q3 예수님을 거절함으로 이스라엘 민족이 구원을 받지 못한다면 그들을 선택하신 하나님의 말씀이 폐하여진 것 같아 보입니다. 하나님의 말씀이 폐하여지지 않았음을 어떤 예를 들며 설명합니까(6~13)?

말씀의 자리+

+ 하나님의 말씀은 폐하여진 것 같지 않도다 (6) +

유대인들은 하나님의 복음을 거절하고서도 여전히 자기들은 하나님의 백성이라고 생각하며 자만했습니다. 바울 사도는 하나님께서 최종적으로 자기 아들을 보내시어 인류를 구원한 복음을 거절하는 사람은 더 이상 하나님의 백성이 될 수 없다고 잘라 말합니다. 그러자 완고한 유대인들은 구약 성경에 하나님께서 이스라엘 백성들을 선택하셨는데 하나님의 약속은 폐한 것이냐고 반문합니다. 바울 사도는 영원하신 하나님께서 하신 약속이 폐하여진 것이 아니라고 말합니다. 단지 이스라엘 백성들이 하나님의 약속의 말씀을 오해하고 있다고 지적합니다. 하나님께서는 처음부터 아브라함의 혈통을 가진 자는 누구나 하나님의 백성으로 선택하신 것이 아니라 오직 하나님과 하나님의 약속을 믿는 사람들을 선택하셨다고 말합니다. 그 증거가 오직 약속의 자녀 이삭으로부터 난 자라야 네 씨라고 말씀하신 것입니다. 비록 아브라함의 자손이라고 할지라도 모두 하나님의 백성은 아닙니다. 이스마엘이 그 증거입니다. 하나님의 약속을 믿지 않는 자는 하나님의 백성이 아닙니다. 특히 하나님의 약속인 메시아를 통한 하나님의 인류 구원을 믿지 않는 자는 하나님의 백성이 될 수 없습니다. 오직 하나님의 약속인 예수 그리스도를 믿는 자만이 하나님의 백성입니다.

또한 하나님은 마치 무슨 자동 기계처럼 당연히 아브라함 후손은 자동적으로 선택하게 되어 있는 것이 아닙니다. 하나님께서는 아브라함의 후손 가운데서도 선택의 주권을 가지고 선택하십니다. 그 예가 아브라함의 후손이자 이삭의 후손인 야곱과 에서 중에서 한 사람만 선택하신 것입니다. 그들이 무슨 행동을 하기 전인 리브가의 태중에서 하나님은 선택하셨습니다. 하나님은 오직 예수 그리스도를 믿는 자만을 선택하시며, 비록 아브라함의 자손이라 할지라도 복음을 믿지 않는 자는 버리실 수 있는 것입니다. 즉 하나님께는 선택의 주권이 있습니다. 하나님의 약속의 말씀은 폐하여지지 않았습니다.

Q4 특히 이스라엘과 아브라함의 씨에 대해서 어떻게 말하고 있으며(6b~7), 이에 대해 하나님의 주권적인 선택을 어떤 두 가지 특징으로 설명하고 있습니까(8~9, 10~11)?

Q5 하나님의 주권적인 선택 앞에 피조물인 우리는 무슨 말을 할 수 있습니까(14)? 하나님의 택하심을 어떻게 설명하고 있습니까(15~18)?

Ⅲ. 토기장이의 선택의 주권 (19~33)

Q.6 하나님의 주권적인 선택(18)에 대해 사람이 어떤 항변을 품을 수 있습니까(19)? 이에 대한 대답은 무엇입니까(20~23)? 이 비유를 통해 말하고자 하는 바는 무엇입니까?

말씀의 자리+

+ 이 그릇은 우리니 (24) +

이 그릇은 긍휼의 그릇이며 그 긍휼의 그릇은 하나님의 긍휼을 입어 하나님의 백성이 된 우리 크리스천이라는 말입니다. 토기장이도 선택의 주권을 가지고 토기를 만드는데 하물며 천지를 창조하신 창조주 하나님께 어찌 선택의 주권이 없겠습니까? 창조주 하나님께서는 절대 주권을 가지고 구원 역사를 이루십니다. 선택한 자를 구원하시고 버린 자를 내버려 두십니다. 바로를 진노의 그릇으로, 모세를 긍휼의 그릇으로 쓰셔서 출애굽의 역사를 이루셨습니다. 하나님께는 능히 그만한 선택의 주권이 있습니다. 그 선택의 절대 주권을 가지신 하나님께서는 우리 그리스도인들을 긍휼의 그릇으로 선택하여 주셨습니다. 이방인들인데도 불구하고 하나님의 백성으로 선택하여 주신 것입니다. 참으로 크신 하나님의 은혜가 아닐 수 없습니다. 우리는 하나님의 백성이 될 수 있는 아무 자격이 없습니다. 하나님께서 우리를 선택하셔서 복음을 믿도록 해 주시고 복음을 믿는 우리를 하나님의 백성으로 선택하여 주시니 그저 감사할 따름입니다.

Q7 이방인과 유대인의 구원에 관한 구약의 말씀을 통해 하나님의 선택을 어떻게 설명하고 있습니까(24~29; 호 2:23, 1:10; 사 10:22~23, 1:9)?

Q8 이방인들이 의를 얻게 된 이유(30)와, 이스라엘이 의를 얻는데 실패한 이유는 무엇입니까(31~33)?

삶의 자리

Q1 선택의 절대 주권을 가지신 하나님께서 죄로 인해 영원히 버림받을 나를 긍휼의 그릇으로 선택해 주셨다는 것이 당신에게 어떤 의미가 있습니까?

Q2 하나님께 선택받은 자로서 감사의 고백을 글로 적어봅시다.

MEMO

12과 인간의 책임과 하나님의 섭리

로마서 10:1-11:36 (암송구절 11장 36절)

이는 만물이 주에게서 나오고 주로 말미암고 주에게로 돌아감이라 그에게 영광이 세세에 있을지어다 아멘

시작하는 이야기

하나님의 절대 주권과 함께 사람의 책임을 동시에 이해하는 것이 올바른 신앙입니다. 선택만을 강조하면 사람은 방종에 빠져 도리어 하나님의 선택을 의미 없게 만들어 버립니다. 반대로 사람의 책임만을 강조하면 율법주의에 빠져 은혜를 상실하게 됩니다. 우리는 하나님의 섭리에 대해 생각해야 합니다. 전능하신 하나님께서 나를 선택하시고 구원하시려고 독생자를 주셨기에 나의 구원은 완전합니다. 그리고 구원받은 사람에게 책임이 있음을 이해하고 순종하는 것이 하나님의 섭리입니다. 하나님의 섭리에 관한 큰 시야, 주권과 책임에 대한 인식을 가져 구원의 확신을 갖기를 소망합니다.

MEMO

말씀의 자리

I. 믿고 순종할 책임 (10:1~21)

Q1 이스라엘을 위한 바울의 간구는 어떠하며(1), 이스라엘의 실패 원인은 무엇입니까(2~3)?

말씀의 자리+

+ 하나님의 의, 자기 의 (3) +

하나님의 의와 자기 의의 개념을 올바로 파악하면 로마서 핵심을 파악하는 것이 됩니다. 아주 쉽게 말하면 하나님의 의는 하나님께서 만들어 놓으신 구원의 길입니다. 자기 의는 인간이 추구하는 구원의 길입니다. 하나님께서 만들어 놓으신 구원의 길만이 참 구원의 길이라는 것은 너무나 명백합니다. 오직 이 길을 걸을 때 구원을 얻을 수 있습니다. 그런데 사람들은 하나님께서 만들어 놓으신 구원의 길보다는 자기가 만든 구원의 길을 좋아합니다. 그러나 그 길은 구원의 길이 아니요, 멸망의 길입니다. 왜 사람들은 하나님께서 만들어 주신 참 구원의 길을 마다하고 자기들이 만든 헛된 구원을 찾고 있는 것입니까? 자기중심적인 죄 때문입니다. 하나님을 싫어하고 자기를 하나님처럼 높이고 있기 때문에 하나님의 길을 싫어하고 자기 스스로 구원의 길을 추구하고 있는 것입니다.
이스라엘 사람들은 하나님께서 주신 율법을 통하여 하나님께서 보내신 메시아를 믿고 구원을 얻어야 했습니다. 그런데 그들은 율법을 이용하여 자기 의를 쌓기에 바빴습니다. 누구보다도 하나님께서 보내신 메시아를 환영하고 기뻐해야 할 유대인들이 도리어 메시아를 십자가에 못 박아 죽여 버렸습니다. 왜 그랬습니까? 자기 의 때문입니다. 자기 의란 자기가 옳다고 자기를 드러내는 것입니다. 자기 의는 자기 영광을 위하여 자기의 의로움을 드러내는 것입니다. 하나님의 율법은 메시아를 믿고 구원 얻도록 가르치고 있건만 율법의 가르침에는 귀 기울이지 않고 자기가 율법을 다 지킨 의로운 자라는 영광을 얻기에 급급한 것입니다. 율법을 숭상하는 그들이 율법의 가르침을 짓밟아버린 것입니다.
그러면 어떻게 구원을 얻을 수 있습니까? 겸손히 하나님의 의를 영접하는 것입니다. 그것이 바로 믿음입니다. 그 믿음을 거절하고 자기 영광을 나타내려고 자기 의로운 행위들을 선전하고 있는 것이 자기 의를 추구하는 사람들의 실상입니다. 자기 의로운 행위들을 나타내려는 노력을 버리고 하나님께서 주신 의로운 길을 겸손히 믿고 순종할 때 참으로 구원 얻을 수 있습니다.

Q2 하나님의 자녀들에게 의를 이루기 위하여 그리스도께서 이루신 것이 무엇이며(4), 자신의 힘으로 의를 이루려고 할 때, 어떤 한계가 있습니까(5~8)?

* 율법의 마침 : 율법의 목표와 끝 모두 의미한다. 율법이 이루고자 하는 목표를 이루게 하시는 분이며 더 이상 율법이 그리스도인들에게 구속력을 가지지 않게 하신다.

말씀의 자리+

+ 누가 하늘에 올라가겠느냐 (6~7) +

6~7절 말씀은 믿음으로 말미암는 의를 설명하는 내용입니다. 자기 의는 자기의 의로운 행동을 나타내려고 엄청난 노력을 해야 하는 것입니다. 자기 공을 쌓으려고 하늘에까지 올라가서 그리스도를 모셔 내려오고자 하며 음부에까지 내려가서 그리스도를 모셔 올리고자 노력합니다. 다시 말해 자기 의를 쌓기 위해 온갖 노력을 다함을 표현한 것입니다. 그러나 그럴 필요가 없다는 것입니다. 하나님께서 우리의 구원을 다 만들어 주셨기 때문입니다. 하나님께서 그리스도를 이 땅에 내려 보내 주셨고 죽으신 그리스도를 다시 살려주셨기 때문에 우리는 단지 복음을 믿기만 하면 하나님께서 친히 구원을 베풀어주시는 것입니다.

인간의 노력으로 구원 얻을 수 없기 때문에 하나님께서 쉬운 구원의 길을 만들어 주셨습니다. 하나님의 구원을 믿고 순종하면 하나님께서 친히 구원을 베풀어 주십니다. 자기 노력으로 구원 얻고자 하는 사람은 헤엄쳐서 태평양을 건너가려는 사람과 같습니다. 믿음으로 구원 얻고자 하는 사람은 비행기를 타고 태평양을 건너는 것과 같습니다.

Q3 어떻게 예수님이 이루신 구원을 얻을 수 있습니까(9~10)? 이것을 볼 때 건강한 신앙의 모습은 어떠해야 합니까? 하나님은 어떤 사람을 구원하십니까(11~13)?

Q4 그렇다면 구원받은 이들이 감당해야 할 역할은 무엇이며(14~15) 사람들이 구원을 얻기까지 필요한 다섯 단계는 무엇입니까(13~15, 17)?

Q5 복음에 대한 이스라엘의 반응은 어떠하며(16), 그들이 핑계할 수 없는 이유는 무엇입니까(18~19)? 그럼에도 불구하고 하나님의 반응은 무엇입니까(21)?

II. 하나님의 신비 (11:1~36)

Q6 이스라엘이 완전히 버려지지 않았다는 세 가지 근거가 무엇입니까(1~5)? 이스라엘의 넘어진 모습(6~10)을 통해 하나님의 섭리가 어떻게 드러납니까(11~12, 13~15)?

Q7 유대인과 이방인의 관계를 설명하는 세 가지 비유는 무엇입니까(16~24)? 이 비유를 볼 때 이방인들이 지녀야 하는 자세는 무엇입니까(18, 20)?

말씀의 자리+

+ 남은 자 (5) +

하나님께서는 이스라엘을 완전히 버리신 것이 아닙니다. 그 증거가 바로 남은 자입니다. 하나님께서 이스라엘에 남겨두신 남은 자는 누구입니까? ① 바울 사도(그도 이스라엘 사람임) ② 엘리야 시대에 하나님께서 숨겨 놓으신 칠천 명 ③ 당시 그리스도를 믿은 이스라엘 크리스천들. 이런 남은 자들이 있다는 것은 하나님께서 이스라엘을 완전히 버리시지 않았다는 명백한 증거입니다.

하나님께서 왜 일부는 선택하시고 일부는 유기(버리심)하셨습니까? 그것은 온 천하에 은혜로 구원 받음을 알리시기 위해서입니다. 선택받은 사람은 은혜로 선택받은 것입니다. 버림받아 마땅한 사람을 선택하셨으면 그것은 당연히 하나님의 은혜입니다. 무슨 공로나 행위가 있어서 선택받았으면 은혜가 될 수 없습니다. 은혜란 구원받을 만한 아무 가치 없는 죄인에게 거저 구원을 베풀어주는 것입니다. 선택받은 사람들은 모두 은혜로 구원받은 것입니다. 버림받은 사람들을 불신앙에 가두어 두신 것도 나중에 은혜로 구원받음을 보여주시기 위함입니다. 이스라엘의 불신앙은 이미 선지자들이 예언해 놓은 것입니다(신 29:4; 사 6:9~10, 29:10; 시 69:22~23).

엘리야는 온 세상이 우상 숭배로 가득할 때 나만 남았다고 한탄하였습니다. 그러나 하나님께서는 우상에 무릎 꿇지 않은 칠천 명을 남겨놓았다고 말씀하셨습니다. 오늘날도 하나님께서는 은혜로 많은 신자들을 남겨놓고 계십니다.

Q8 하나님의 구원계획의 신비가 무엇입니까(25~32)? 하나님의 놀라운 계획을 발견한 바울의 찬양은 무엇입니까(34~36)?

말씀의 자리+

+ 이 비밀 (25) +

이 비밀이란 하나님의 인류 구속 역사의 비밀을 말합니다. 하나님께서는 이스라엘이 교만하여 복음을 믿는 것을 거부하자 구원의 물줄기를 이방인에게로 돌렸습니다. 이것은 이스라엘로 시기하게 하려 함이었습니다. 버림받은 이방인들이 구원의 복을 누리고 자기들보다 더 거룩하게 살고, 자기들보다 더 하나님을 잘 섬기므로 이스라엘 사람들이 시기가 나서 회개하고 하나님께 돌아와 복음을 잘 믿도록 하려 함이었습니다.

이스라엘의 복음 거부 → 이방인들의 구원 → 이스라엘의 시기 → 이스라엘의 구원

하나님께서는 사람들의 실패까지도 쓰셔서 하나님의 인류 구원의 거룩한 뜻을 이루시는, 신비로운 지혜의 하나님이십니다.

삶의 자리

Q1 먼저 구원받은 사람으로서, 하나님을 알지 못하는 사람들에게 당신은 무엇을 하고 있습니까?

Q2 하나님께서 행하신 구원의 신비를 볼 때 당신은 어떤 찬양의 고백을 하게 됩니까?

13과 은혜 받은 자의 새 생활

로마서 12:1-21 (암송구절 1절)

그러므로 형제들아 내가 하나님의 모든 자비하심으로 너희를 권하노니 너희 몸을 하나님이 기뻐하시는 거룩한 산 제물로 드리라 이는 너희가 드릴 영적 예배니라

시작하는 이야기

믿음은 삶이 뒤따를 때 성장하고 생명력을 지니게 됩니다. 지금까지 본문은 구원의 진리에 대해서 다루었다면, 이제부터는 삶의 구체적인 실천에 대해 다룹니다. '믿음 따로, 삶 따로'가 아닌 믿음과 삶의 일치와 조화를 가르쳐 줍니다. 믿음은 은혜로운 삶을 낳고 은혜로운 삶은 믿음에 생명을 더합니다. 이제 하나님의 놀라운 구원의 감격을 맛본 사람은 은혜의 삶을 시작합니다. ① 생명의 관계 속에서 하나님과 교통하는 새 생활을 시작합니다. ② 공동체 속에서 은혜의 삶을 삽니다. ③ 하나님의 은혜 속에서 다른 사람과 새로운 관계를 맺고 사랑하며 살게 됩니다.

MEMO

말씀의 자리

I. 하나님과 교통하는 새 생활 (1~2)

Q1 하나님의 놀라운 구원의 은혜를 받은 사람들을 향한 권면은 무엇입니까(1)? '영적 예배'는 무슨 의미입니까?

* 영적(헬라어-로기켄) : 여기서 영적이라는 말은 '거룩한, 말씀에 속한, 이성적인, 합당한'이라는 의미이며, 영적 예배라는 것은 말씀에 따라 살아가는 삶을 의미함.

말씀의 자리+

+ 몸과 마음 (1~2) +

인간의 특징은 몸을 가진 영적 존재라는 것입니다. 그래서 영으로 깨달을 뿐만 아니라 몸으로 체험되어야 진정한 깨달음이요 온전한 믿음이 됩니다. 성경은 몸의 헌신과 마음 곧 영혼의 새로움을 강조하고 있습니다. 몸을 거룩한 산 제물로 드리라고 말합니다. 구약에서는 동물을 내 대신 죽여 제물로 바치는 것이었습니다. 복음 안에서는 그리스도께서 내 대신 죽으셨으므로 다시 제물을 바칠 필요가 없습니다. 그 대신 우리 몸과 지체를 산 제물로 주님께 드려서 주님께서 나의 몸과 지체를 사용하실 수 있게 하는 것입니다. 복음 안에서 자기 몸과 지체를 하나님께 바쳐서 하나님의 뜻대로 살므로 하나님을 크게 기쁘시게 하는 것입니다. 이것이야말로 진정한 하나님과의 만남, 영적 예배인 것입니다.

사람의 마음은 꼭 옷과 같습니다. 처음에는 새 옷이어서 신선하고 아름답고 깨끗하였는데 오래되면 낡아지고 더러워지고 추해집니다. 그러므로 옷을 늘 세탁하고 새 옷으로 갈아입어야 합니다. 마찬가지로 우리의 더러워진 마음, 부패한 마음, 기쁨이 사라진 마음을 항상 새 마음으로 바꿔야 합니다. 먼저 세속적인 오염을 피해야 합니다. 세상 속에 살면서 세상의 영향을 전혀 받지 않을 수 없지만 늘 말씀과 기도에 힘써서 하나님의 은혜를 늘 새롭게 영접하고 새로운 기쁨에 충만하여 나갈 때 몸의 헌신을 더욱 기쁘게 할 수 있습니다. 새 마음과 몸의 헌신과는 깊은 관계가 있습니다. 은혜에 감사하여 몸의 헌신을 하면 늘 마음이 새로워집니다. 또한 마음을 새롭게 하면 몸의 헌신을 더욱 기쁘게 할 수 있습니다.

Q2 삶의 영적 예배를 이루기 위해 하나님의 자녀들이 지녀야 하는 세 가지 모습은 무엇입니까(2)?

II. 공동체에서 섬기는 새 생활 (3-8)

Q3 성경은 하나님의 자녀들의 모임을 어떻게 정의하고 있으며(4~5), 신앙 공동체로 모이게 된 하나님의 자녀들이 지녀야 하는 기본 자세는 무엇입니까(3)?

Q4 우리에게 주신 은사가 다르다는 말은 무슨 말입니까(6)? 은사의 종류는 어떠하며, 이 은사를 어떤 자세로 사용해야 합니까(6~8)?

말씀의 자리+

+ 혹 예언이면 믿음의 분수대로 (6) +

교회는 몸과 지체와 같이 통일성과 다양성, 유기적 관계성을 가지고 있습니다. 은사는 교회의 통일성과 다양성 속에서 이해해야 합니다. 모든 은사는 하나님의 영광을 위하여, 교회의 유익을 위하여, 머리 되신 그리스도의 뜻에 맞게 사용되어야 합니다. 이것이 교회의 통일성입니다. 소위 은사 받았다고 하는 사람들이 교회를 소란케 하고 교회를 분열시키며, 주의 종을 비방하고 불순종하는 모습은 전혀 은사 받은 모습이 아닙니다. 마귀의 조종을 받고 있는 모습입니다. 하나님의 은사를 받은 사람은 은사를 주신 하나님의 뜻대로 은사를 사용하는 사람입니다. 하나님께서 은사를 주신 목적은 하나님께 영광을 돌리기 위함이요, 교회에 유익을 주기 위함입니다. 교회를 해치라고 은사를 주시겠습니까? 아닙니다. 은사는 오직 하나님의 영광을 위하여, 공동체(교회)의 유익을 위하여, 머리되신 그리스도의 뜻에 따라 사용되어야 합니다.

Ⅲ. 은혜로운 인간관계 속의 새 생활 (9-21)

Q5 신앙 공동체에 우선적으로 필요한 것은 무엇이며(9), 공동체 안에서 서로에 대한 사랑을 실천하기 위해 실행해야 하는 것은 무엇입니까(10~13)?

말씀의 자리+

+ 사랑에는 거짓이 없나니 (9) +

9절의 '사랑'은 아가페(하나님의 거룩한 사랑), 10절의 '형제 사랑'은 필라델피아(형제 자매, 친구의 우애와 사랑), 10절의 '서로 우애'는 스토르게(가족, 혈육의 사랑)입니다. 하나님의 의는 곧 하나님의 거룩한 사랑으로 얻은 것입니다. 하나님의 의로 얻은 거룩한 사랑은 우리 인간 삶을 근원적으로 바꿔버릴 거대한 에너지입니다. 우리는 이 거룩한 사랑으로 말미암아 믿는 신자들과는 가족 이상의 깊은 사랑을 나누며 지낼 수 있습니다. 또한 믿지 않는 자들도 감화 감동시켜서 그들을 주님께로 인도할 수 있습니다. 파괴된 인간 관계도 회복시킬 수 있습니다. 거룩한 사랑으로 다른 사람을 진실하게 사랑하고 섬기는 모습을 보고, 사람들은 감동하게 됩니다. "과연 저 사람은 변화된 새사람 됐어!" "참으로 예수님의 사랑은 놀랍고도 놀라워! 저 사람을 저렇게 변화시키다니!" 이처럼 하나님의 거룩한 사랑은 인간 관계를 근본적으로 변화시키며 사람을 의롭게 만들어 하나님께 영광을 돌리게 합니다.

하나님의 거룩한 사랑은 빛과 같이 거짓이 없습니다. 빛 속에 어둠이 없듯이 하나님의 거룩한 사랑에는 거짓이 없습니다. 인간 관계를 해치는 근본 장애물은 거짓입니다. 떳떳하지 못하게 하고 신뢰하지 못하게 하고 배신감을 느끼게 하고 분노를 자아내는 것이 거짓입니다. 사랑에는 거짓이 없습니다. 사랑은 떳떳하게 만듭니다. 사랑은 진실로 신뢰하게 만듭니다. 사랑은 형제애를 느끼게 합니다. 사랑은 감사하게 만듭니다. 사랑은 인간 관계의 암 덩어리와 같은 거짓을 녹여버려 진실한 신뢰 관계를 구축하게 합니다.

Q.6 세상에서 사랑하며 살려 하지만 박해와 미움이 찾아옵니다(요 15:18, 19). 하나님의 사랑을 가진 사람으로서 세상을 향해 어떤 사랑을 실천해야 합니까(14-18)?

말씀의 자리+

+ 숯불을 그 머리에 쌓아 놓으리라 (20) +

인간 관계를 영속적으로 파괴시키는 것은 복수입니다. 피해를 입은 사람은 복수하지 않고는 견딜 수가 없습니다. 복수를 해야만 분이 풀리는 것입니다. 복수하고 나면 더욱 미움의 골은 깊어져 영원한 원수가 됩니다. 복수 문제를 근본적으로 해결하는 길은 용서와 감동적인 사랑입니다. '원수가 주리거든 먹이고 목마르거든 마시우라' 그 결과는 '네가 숯불을 그 머리에 쌓아 놓으리라'입니다.

'숯불을 그 머리에 쌓아 놓으리라'는 하나님께서 원수를 갚아주시고 대신 보복해 주신다는 해석과 원수의 마음속에 불타는 수치심과 양심의 가책을 가리킨다는 해석이 있습니다. 어느 쪽으로도 해석이 가능하지만 본문 전체의 사상 속에서 볼 때 후자 쪽이 더 자연스러워 보입니다. 원수 문제를 하나님께 맡기면 하나님께서 그 문제를 다 해결해 주십니다. 하나님께서 해결하시는 방법에는 여러가지가 있습니다. 무서운 형벌로써 해결해 주실 수도 있고, 원수의 가슴속에 수치심을 일깨우고 양심의 가책을 일으킬 수도 있습니다. 그리하여 회개하고 하나님께 돌아와 사과하고 화해하는 방법으로 해결할 수도 있습니다. 악에게 지지 말고 선으로 악을 이기라는 말씀에 비춰보면 사탄이 요구하는 대로 계속 보복하고 싸워서 영원한 원수 관계로 지내는 것은 악에게 지는 것입니다. 그러나 원수를 용서하고 감동적인 사랑으로 주리거든 먹이고 목마르거든 마시게 하여 선을 베풀어 스스로 잘못을 깨닫고 사과하며 화해하게 될 때 선으로 악을 이기는 것입니다. 그렇게 보면 숯불을 그 머리에 쌓아두는 것은 하나님께서 적절한 방법으로 문제를 해결하는 것을 의미하며 원수의 부끄러움과 자책감을 의미합니다.

Q7 세상이나 신앙 공동체에서도 원수(대적자)가 생길 수 있습니다. 이때 하나님은 무슨 원리로 원수를 대하라고 하십니까(19~21)?

삶의 자리

Q1 '거룩한 산 제물'로서 당신은 하나님께 자신을 어떻게 드리고 있습니까?

Q2 신앙 공동체와 사회에서 당신이 겪는 문제는 무엇입니까? 이를 어떻게 해결할 수 있습니까?

14과 변화된 새사람의 사회생활

로마서 13:1~14 (암송구절 10절)

사랑은 이웃에게 악을 행하지 아니하나니 그러므로 사랑은 율법의 완성이니라

시작하는 이야기

그리스도인의 신앙은 삶의 자리에서 본격적으로 펼쳐집니다. 어떤 신앙을 가지고 있는지는 어떤 삶을 사는지를 통해 드러납니다. 그러나 신앙과 일치된 삶을 사는 것은 결코 쉽지 않습니다. 이 고민은 로마 성도들에게나 지금 오늘을 사는 우리에게 동일하게 어려운 문제입니다. 바울은 로마 성도들에게 하나님 나라의 백성이면서 동시에 로마의 시민으로, 그리고 누군가의 이웃으로서의 삶을 제안합니다. 본문을 통해 바울이 로마 성도들에게 제안하는 그리스도인의 삶을 살펴보고 동시에 오늘을 사는 우리가 서있는 자리에서 어떤 태도로 살아야 할지 생각해 봅시다.

MEMO

말씀의 자리

I. 그리스도인의 사회생활 (1~7)

Q1 그리스도인은 위에 있는 권세를 어떻게 이해해야 하며(1), 그 권세에 대해 어떤 태도를 가져야 합니까(2~5)?

* 하나님의 사역자(4) : 사역자, 목회자 뿐 아니라 관리 일꾼, 종 등의 다양한 의미를 함유한 채 탄력적으로 사용되는 단어이다. 즉, 그리스도인의 삶이 교회에 국한된 것이 아니라 이 세상을 향해 열려있음을 드러낸다.

말씀의 자리+

+ 교회와 국가와의 관계 +

기독교의 역사 속에서 교회와 국가와의 관계를 이해하기 위해 수많은 논란이 발생했는데 크게 4가지 모델이 시도되어 왔습니다. 국가가 교회를 통제한다는 국가만능론, 교회가 국가를 통제한다는 신정론, 국가가 교회에게 호의를 베풀고 교회는 그 호의를 계속 받기 위해 국가의 편의를 도모해 주는 타협안인 콘스탄틴주의, 그리고 교회와 국가가 건설적인 협력 정신으로 하나님이 주신 각자의 독특한 책임을 인정하고 격려하는 동반자 관계 등이 그것들입니다. 로마서 13장에 나오는 바울의 가르침은 네 번째 동반자 관계와 가장 일치하는 듯합니다. (BST 로마서 강해, 존 스토트 참조)

Q2 그리스도인은 납세의 의무에 대해 어떤 태도를 가져야 한다고 말합니까(6~7)?

말씀의 자리+

+ 모든 권세는 다 하나님이 정하신 바라 (1) +

크리스천은 국가를 어떻게 보는가? 구원사적으로 바라보면 국가는 하나님의 인류 구원을 위하여 봉사하는 기관이라는 것입니다. 국가가 없다면 하나님의 백성들의 안전이 보장될 수 없습니다. 국민의 생명과 재산 보호, 치안 유지를 담당하는 기구가 있을 때 하나님의 백성들은 안전하게 살며, 하나님을 경배하고 하나님의 복음을 전파할 수 있는 것입니다. 그러므로 국가는 하나님의 백성들의 안전을 위하여 봉사하고 있는 것입니다.

또한 국가 통치자들은 권선징악의 원칙으로 다스려 선을 장려함으로 하나님의 백성들이 활동할 토양을 만들어 주고 있습니다. 그리고 국가가 건설한 도로, 항만, 공항, 교통수단, 통신수단은 하나님의 복음 전파에 매우 긴요하게 쓰이고 있습니다. 그뿐만 아니라 산업 발전은 하나님의 백성들의 삶과 복음 전파에 매우 긴요하게 쓰임 받고 있습니다. 이러한 교통시설, 교통수단, 통신수단 등은 개인이 만들 수 없고 국가가 만들 수 있는 것들입니다. 그러므로 국가도 간접적으로 하나님 나라 건설을 위하여 봉사하는 기관인 것입니다. 그러므로 하나님께서는 국가의 필요성을 인정하시고 허락하신 것입니다.

하나님께서 허락하신 국가 권력자 통치자들에게 복종하는 것은 당연한 일입니다. 그런데 하나님의 뜻을 거역한 통치자는 그 자격을 상실하였기에 복종할 필요가 없다고 볼 수 있습니다. 국가나 통치자를 하나님 자리에 놓고 경배하도록 강요하거나 하나님을 섬기지 못하도록 하는 정권에는 복종할 필요가 없습니다. 그러나 본문의 핵심 교훈은 국가의 암초가 되지 말고 국가의 순기능을 생각하여 세상의 빛인 하나님의 자녀는 건전한 시민으로서 선한 영향력을 끼치며 살라는 것입니다.

II. 사랑은 율법의 완성 (8~10)

Q3 그리스도인은 빚에 대해 어떻게 생각해야 하며, 빚을 져도 되는 유일한 한 가지는 무엇입니까(8)?

* 빚(8) : 책임 또는 이행해야 할 의무라는 뜻도 포함한다.

말씀의 자리+

+ 사랑의 빚 (8) +

하나님은 사랑의 빚 외에는 빚지지 말고 살라고 말씀하십니다. 이 말씀은 사랑의 빚을 지고 남의 신세를 지고 살라는 말씀이 아닙니다. 하나님의 사랑의 빚을 진 자로서 빚을 갚는 마음으로 사랑을 베풀고 살라는 말씀입니다. 다른 사람에게 많은 사랑과 많은 도움을 받고 살라는 말이 아닙니다. 사랑을 할 때 은혜 베푸는 것으로 생각하지 말고 빚 갚는 것처럼 생각하고 평생 사랑하며 살라는 말씀입니다.

7절 말씀에서 세금의 의무를 언급한 후에 바로 이어서 사랑의 빚을 말하고 있음을 주목해야 합니다. 신자는 늘 세금을 낼 의무가 있는 것처럼 사랑을 해야 할 의무가 있습니다. 빚진 사람이 빚을 다 갚기 전까지 마음이 편치 못함같이 항상 그리스도의 사랑으로 사랑하며 살라는 말씀입니다. 그렇게 살면 놀라운 일이 일어납니다. 사랑의 혁명이 일어납니다. 변화와 기적이 일어납니다. 사랑의 빚을 진 사람처럼 사랑으로 종 노릇하며 살 때 성숙한 사회생활을 하게 될 것입니다.

Q4 율법을 다 이루는 한 가지 방법에 대해 이야기합니다. 그것은 무엇입니까? 이것은 계명들과 어떤 관계가 있습니까(9~10)?

Ⅲ. 빛 가운데서의 삶 (11~14)

Q5 그리스도인은 지금의 때를 어떻게 인식해야 합니까(11~12a)?

Q6 지금의 때를 어떻게 살아야 하며(12b), 어둠의 일을 벗고 빛의 갑옷을 입고 산다는 것은 무엇입니까(13~14; 갈 3:27, 5:19~24; 벧전 2:21)?

삶의 자리

Q1 그리스도인은 세상과 다르게 살지만, 세상을 떠나 사는 존재는 아닙니다. 오늘 당신에게 이 세상에서 그리스도인으로 살아간다는 것은 구체적으로 어떤 모습이라고 생각합니까?

15과 그리스도인의 공동체 생활

로마서 14:1~15:13 (암송구절 2절)

우리 각 사람이 이웃을 기쁘게 하되 선을 이루고 덕을 세우도록 할지니라

시작하는 이야기

우리는 공동체를 떠나 살 수 없습니다. 하지만 서로 다른 사람이 모여 하나의 공동체를 이루는 것은 쉽지 않습니다. 생각이 다르고, 가치관이 다르고, 자라온 문화가 달라서 때로는 갈등을 마주해야 하고 다투는 일도 빈번하게 일어납니다. 교회도 마찬가지입니다. 그리스도인들이 모인 공동체에도 여러 갈등이 발생합니다. 그럴 때 그리스도인들은 어떻게 공동체를 이해해야 할까요. 바울은 복음을 경험한 그리스도인들의 공동체 생활에 대해서도 소개합니다. 바울의 가르침을 통해 우리가 공동체에서 겪는 여러 다름들을 어떻게 이해해야 할지 생각해 봅시다.

MEMO

말씀의 자리

I. 형제를 비판하지 말라 (14:1~23)

Q1 믿음이 연약한 자들을 어떻게 대해야 합니까(1)?

Q2 그 당시 로마교회에는 음식에 대한 논쟁이 있었던 것으로 보입니다(레 11:1~46; 막 7:20). 먹는 문제에 있어서 서로 비판하지 말아야 할 이유는 무엇입니까(2~4)?

Q3 로마교회는 절기를 지키는 것에 대한 견해도 서로 달랐습니다. 이런 견해의 차이를 어떻게 받아들여야 한다고 말합니까(5~6)? 이러한 차이를 극복하게 하는 그리스도인의 원칙은 무엇입니까(7~12)?

말씀의 자리+

+ 사나 죽으나 우리가 주의 것이로다 (8) +

크리스천의 자유를 언급한 바울 사도는 크리스천의 절대복종에 대하여 말합니다. 그리스도 안에서 무한한 자유를 만끽하는 크리스천은 그리스도께 절대적 복종을 함으로 그 자유를 누릴 수 있습니다.
성령의 도우심으로 그리스도를 주로 영접한 크리스천은 그리스도께서 성자 하나님이시며 나를 위하여 목숨을 버리신 나의 구주이심을 깨닫게 됩니다. 오직 내가 사는 것은 그를 의지하는 믿음 때문에 사는 것임을 깨닫게 됩니다. 그리스도는 내 인생에 있어서 절대적 존재입니다. 그리스도 밖에서 나의 존재는 죽음이요, 지옥이며, 영원한 형벌입니다. 그리스도 안에서 나는 영생을 받고 천국의 기쁨을 누리며 새로운 피조물로 살게 됩니다.
그리스도에 대한 절대적 신앙과 그리스도를 절대적으로 높이는 삶은 그리스도를 닮게 하며 그리스도적 삶을 살게 합니다. 그리스도 안에서 무한한 자유를 누리게 됩니다. 그리스도의 온갖 은혜와 축복을 무한히 누립니다. 또한 그리스도 공동체 안에서 모든 인종적, 역사적, 문화적, 종교적 차이를 뛰어넘어 하나가 되게 합니다. 그러므로 바울 사도께서 문화적 갈등을 언급하면서 그리스도에 대한 절대적 신앙을 가르치고 있는 것입니다. 이 그리스도에 대한 절대적 신앙은 사도나 순교자에게만 요구되는 신앙이 아니라 그리스도인이라면 누구나 필수적으로 가지고 있어야 할 기본적인 신앙인 것입니다. 이 신앙이 확고할 때 공동체 안에서 발생되는 모든 문제는 아주 쉽게 해결될 수 있는 것입니다.

Q4 형제를 비판하지 않기 위해 어떤 주의를 해야 합니까(13)? 바울이 주 안에서 확신한 바는 무엇이며, 형제에게 사랑으로 행하기 위해서 어떻게 해야 합니까(14~16)?

Q5 하나님 나라의 본질은 무엇입니까(17)? 하나님 나라를 세우기 위해 힘써야 할 것과 피해야 할 것은 무엇입니까(18~23)?

II. 선을 이루고 덕을 세우라 (15:1~13)

Q6 믿음이 강한 이들은 어떻게 행해야 합니까(1~2)? 이를 위한 그리스도의 본은 어떠하며 성경이 말하는 바는 무엇입니까(3~6)?

* 전에 기록된 바(4) : 구약성경을 뜻한다.

Q7 하나님께 영광을 돌리기 위해 그리스도께서 구체적으로 어떻게 실현하셨습니까(7a, 8~9, 9b~12)? 하나님께 영광을 돌리기 위해 우리가 어떻게 해야 합니까(7b)?

Q.8 바울이 고백하는 하나님은 어떤 분이시며, 바울의 기도 제목은 무엇입니까(13)?

말씀의 자리+

+ 소망의 하나님 (13) +

하나님은 인류에게 구원의 소망을 주시는 소망의 하나님이십니다. 교회 공동체 모두에게 소망을 주시며, 온 인류에게 소망을 주시는 소망의 하나님이십니다. 특히 하나님의 자녀들에게 '모든 기쁨과 평강'을 주시기를 원하시는 하나님이십니다. 모든 기쁨과 평강은 믿음을 통하여 베풀어주십니다. 하나님의 구원 계시를 절대적으로 믿고 순종하는 믿음을 가진 이에게 기쁨과 평강이 강물처럼 흘러넘치게 하십니다. 하나님은 우리에게 항상 기쁨과 평강을 주시기를 원하십니다. 우리가 믿음을 가지고 서로 덕을 세우며 하나님 말씀에 순종하면 하나님께서 기쁨과 평강을 풍성히 부어주십니다. 성령님께서 믿음을 갖도록 도와주십니다. 성령님을 겸손히 의지하면 성령의 능력을 덧입게 되며 세속적인 모습을 벗어버리게 됩니다. 기쁨과 평강에 가득 차게 됩니다. 참으로 하나님은 소망의 하나님이십니다.

하나님은 유대인에게나 이방인에게나 소망의 하나님이 되십니다. 유대인에게 소망을 주시기 위하여 유대인 조상에게 하신 약속을 신실하게 지키셨습니다. 약속대로 메시아를 보내 주셨습니다. 하나님의 인내와 신실하심에 감동하지 않을 수 없습니다. 하나님은 유대인에게 소망을 주시는 소망의 하나님이십니다. 그뿐만 아니라 이방인에게도 하나님은 소망의 하나님이십니다. 이방인은 하나님을 외면한 죄인들이므로 구원받을 가치가 없는 자들이지만 하나님께서는 그들도 사랑하셔서 모든 열방을 구원하실 계획을 세우셨고 마침내 성취하셨습니다. 하나님은 유대인은 물론이요 이방인에게도 영원한 구원과 기쁨과 평강을 주시는 소망의 하나님이십니다.

삶의 자리

Q1 공동체 내에는 여러 다양한 사람이 모여 있습니다. 주로 나를 힘들게 하는 갈등은 무엇입니까? 갈등이 있을 때 당신은 어떻게 반응합니까? 어떻게 하면 다양한 갈등 속에서 하나 된 공동체를 이룰 수 있을까요?

MEMO

16과 복음을 향한 열정

로마서 15:14~16:27 (암송구절 16장 26~27절)

이제는 나타내신 바 되었으며 영원하신 하나님의 명을 따라 선지자들의 글로 말미암아 모든 민족이 믿어 순종하게 하시려고 알게 하신 바 그 신비의 계시를 따라 된 것이니 이 복음으로 너희를 능히 견고하게 하실 지혜로우신 하나님께 예수 그리스도로 말미암아 영광이 세세무궁하도록 있을지어다 아멘

시작하는 이야기

복음을 증거한 바울 사도는 로마 교회에 당부하고 싶은 말로 끝을 맺고 있습니다. 먼저 복음의 일꾼으로 살아온 자신을 소개합니다(15:14~21). 그리고 앞으로의 비전과 기도 제목을 알리며 기도를 요청합니다(15:22~33). 그리고 마지막으로 동역자들에게 문안하고 주 예수의 은혜가 충만하기를 기원하며 편지를 끝내고 있습니다(16:1~27). 지금까지 냉철함과 뜨거움으로 복음에 대해 설명했다면 바울은 마지막으로 뜨거운 인사를 건넵니다. 그리고 그 마지막 인사에서 복음을 향한 자신의 열정을 감추지 못합니다. 본문을 통해서 복음을 향한 바울의 열정을 함께 느껴봅시다.

MEMO

말씀의 자리 

I. 하나님의 복음의 제사장 (15:14~33)

Q1 바울은 로마 성도들을 칭찬한 후, 자신을 어떻게 소개하고 있습니까? 바울의 사명은 무엇입니까(14~19)?

* 일루리곤 : 서쪽 마게도냐의 아드리아 해 방향 해안에 자리 잡고 있었으며, 바울이 전도한 지방 중 가장 서쪽에 있는 지역이다. 마케도니아의 북쪽, 드라기아의 서쪽에 해당되는 아드리아 바다의 동쪽 지방으로 현재 알바니아에 속한 지역이다.

Q2 바울의 사역 원칙은 무엇입니까(20~21)? 그 이유가 무엇일까요?

Q3 바울은 아직 로마에 가지 못했습니다. 그래서 로마에 갈 계획과 앞으로의 사역 계획에 대해 자세히 이야기합니다. 바울은 구체적으로 어떤 계획을 가지고 있었으며(23~29; 행 1:8), 로마 성도들에게 부탁하는 바는 무엇입니까(24, 30~32)?

II. 거룩한 입맞춤으로 문안하라 (16:1~27)

Q4 바울은 뵈뵈(1), 브리스길라 아굴라(3~4), 에배네도(5) 등 동역자들에 대해 각각 어떻게 소개합니까(1~16)? 그들을 향한 바울의 마음이 어떻게 표현되고 있습니까?

Q5 바울은 형제들에게 미혹하는 자들로부터 떠나라고 권합니다. 이들은 어떤 문제를 일으켰습니까(17~18)? 미혹 당하는 성도들을 위해 바울의 기도는 무엇입니까(19~20)?

말씀의 자리+

+ 우리 주 예수의 은혜 (20) +

로마서의 사실상 끝맺음인 20절에서 '주 예수의 은혜가 있을지어다'란 말로 끝을 맺고 있습니다. 복음의 핵심 개념은 '은혜'입니다. 은혜는 받을 가치가 없는 자에게 거저 주는 선물입니다. 은혜는 지옥에 갈 죄인에게 죄를 용서해 주시고, 영생을 주시며 하나님의 자녀로 살게 해 주시는 것입니다. 바울 사도는 로마서에서 줄기차게 은혜를 강조하고 있습니다. 그리고 마지막에 은혜로 끝을 맺습니다.

은혜는 하나님과 인간의 올바른 관계를 갖게 해 줍니다. 인간의 하나님에 대한 올바른 태도는 '의존과 순종'입니다. 그런데 불행하게도 인간은 아담의 선악과를 따먹은 이래 계속해서 하나님께 불순종하였습니다. 하나님의 온갖 사랑과 도움을 받고서도 하나님을 거역하고 불순종하여 하나님의 원수로 사는 것이었습니다. 이 불행을 근본적으로 해결하는 것이 은혜입니다. 하나님의 은혜를 체험한 인간은 하나님께 근본적으로 감사하고 하나님을 사랑하며 하나님께 순종하게 됩니다. 나를 위해 목숨을 바치신 그리스도의 사랑에 감사하여 하나님을 사랑하고 하나님께 나아감으로 하나님과 올바른 관계를 갖게 됩니다.

'은혜'는 사람을 겸손하게 만들어 항상 감사하고 다른 사람과 원만한 관계를 갖게 합니다. 이기심과 교만은 모든 인간관계를 악화시킵니다. 그런데 은혜로 말미암은 겸손은 다른 사람과 좋은 관계를 갖게 하고 다른 사람을 사랑하고 섬기도록 만듭니다. 그리하여 의로운 사람이 되게 합니다.

'은혜'는 선의 원동력이 됩니다. 은혜가 없는 사람은 다른 사람에게 선을 강요합니다. 그리고 정죄하고 비방합니다. 은혜가 없는 사람은 선을 행하고 싶어도 되지를 않습니다. 선을 행할 힘이 없기 때문입니다. 그런데 은혜는 선의 원동력이 됩니다. 은혜를 생각하면 너무나 감사하고 기뻐서 은혜에 보답하는 마음으로 선을 베풀게 됩니다. 그러면 선의 결과가 나타나게 되고 그로 말미암아 더욱 선을 행하게 됩니다. 그리하여 의로운 새사람으로 변화되는 것입니다.

'은혜'는 천국의 기쁨이 가득하게 만듭니다. 죽을 죄인을 살려주신 은혜를 생각하면 그저 감사하고, 그저 기쁘고, 그저 신바람이 나는 것입니다. 그래서 마음의 천국을 이루게 됩니다. 마음의 평안이 옵니다. 운명주의적인 생각이 물러갑니다. 그래서 내 인생에 드리운 저주의 그림자가 떠나게 되어 천국의 기쁨이 가득 차게 됩니다.

'은혜'는 남을 용서하게 만들어 파괴된 인간관계를 회복하게 만듭니다. 인간은 근본적으로 남을 용서할 수 없는 자들입니다. 그러나 내 생명보다 더 큰 은혜를 받은 사람은 원수를 용서할 수 있습니다. 그리하여 거룩한 사랑을 실천할 수 있는 것입니다. 은혜로 말미암아 의롭게 변화됩니다. "주 예수의 은혜가 있기를!" 이 한마디 속에 엄청난 의미가 내포되어 있습니다. 주 예수의 은혜가 있기를!

Q6 바울은 마지막에 곁에 있는 동역자들의 이름을 기록합니다. 그들의 이름은 무엇이며(21), 누가 편지를 대서하였습니까(22)? 가이오와 에라스도, 구아도는 무슨 일을 하였습니까(23)?

Q7 25~27절은 로마서를 마치는 송영입니다. 바울은 복음과 이 복음을 주신 하나님을 어떻게 찬양합니까(25~27)?

삶의 자리

Q1 바울은 사명을 이야기함과 동시에 구체적인 계획과 실제적인 필요에 대해 말합니다. 복음을 전하는 일에는 재정을 비롯한 여러 동역이 필요합니다. 우리는 이를 위해 어떤 실제적인 동역을 할 수 있을까요?

Q2 로마서를 다 마쳤습니다. 로마서를 통해 당신에게 어떤 변화가 일어났습니까?

MEMO

MEMO